August Höglinger

Lebensziele finden

Verlag A. Höglinger

Impressum:

Herausgeber und Verleger: August Höglinger
Lektorat: Textservice Johann Schnellinger, Linz
Druck: Druckerei Rudolf Trauner GesmbH, Köglstraße 14, 4021 Linz
Cover: Projektagentur Weixelbaumer KEG, Landstraße 22, 4020 Linz
Satz und Layout: A3 Friedrich Jung Werbeservice GmbH, Franckstraße 45, 4020 Linz
Redaktionelle Bearbeitung: Mag. Stefan Manigatterer

Bestellungen an den Verlag:
Dr. August Höglinger, Fröhlerweg 8, A-4040 Linz
Tel.: ++43(0)732 / 75 75 77
Fax: ++43(0)732 / 75 75 77-4
E-Mail: office@hoeglinger.net
Internet: www.hoeglinger.net

ISBN 3-9501137-6-2

Lebensziele
finden

Inhalt

VERÄNDERN – VON GRUND AUF

„Was möchtest du im Leben einmal werden?" Eine Frage, die Sie vielleicht als Kind gestellt bekommen haben. Welche Antwort haben Sie damals gegeben? Wissen Sie es noch? „Damals wollte ich ... werden."
Wenn wir im Kindesalter sind, sprießen und schießen die Gedanken über unsere Ziele und Lebensziele unbeirrt in alle Richtungen. Als Kind haben wir unser ganzes Leben noch vor uns. Viele berufliche und private Wege sind noch unbeschritten. Alles ist denkbar und fast alles (noch) möglich.

Wenn wir 25, 30, 40 Jahre oder älter sind, haben wir bereits ein längeres Stück Lebensweg hinter uns: Wir haben viele Schulen besucht, Berufe ergriffen und sind Beziehungen eingegangen. Wir durften Erfolge feiern und mussten Niederlagen einstecken. Oftmals haben wir schon liebe Menschen verloren und loslassen müssen – durch Trennung oder Tod. Kurzum, unser Leben ist mehr oder weniger „rund" verlaufen und geglückt. Einiges wird nach Wunsch gewesen sein, anderes hingegen hat sich nicht erfüllt. Und manche von uns sind durch berufliche oder private Umstände in tiefe Lebenskrisen gestürzt und aus der Bahn geworfen worden.
Es sind jedoch nicht immer nur tragische Einschnitte, die Menschen zum Nachdenken bringen. Viele Menschen spüren das Bedürfnis, sich den Fragen nach dem Sinn und den Zielen ihres Lebens zu stellen. Die Frage von damals „Was möchtest du im Leben einmal werden?" stellen sie sich neuerlich – jedoch grundsätzlicher, vermutlich etwas abgewandelt, in jedem Fall

existenzieller: Was soll aus meinem Leben werden? Wie soll und kann es weitergehen? Was will ich eigentlich?

Letzten Sommer suchte mich eine Freundin auf und bat mich um Hilfe: „August, ich habe einen Punkt erreicht, an dem ich nicht weiß, wie es weitergehen soll in meinem Leben. Ich bin frustriert. Mir fehlt die Orientierung. Beruflich habe ich einiges erreicht. Ich werde von meinen Kollegen geschätzt. Dennoch plätschern die Arbeitstage so dahin. Ich leiste meine Arbeit mit mehr oder weniger viel Lust. Mich schockiert der Gedanke, dass ich vermutlich noch 25 weitere Jahre in diesem Beruf verbringen werde, wenn nichts Einschneidendes passiert. Auch privat geht es mir nicht gut. Die Beziehung zu meinem Partner ist für mich seit geraumer Zeit unbefriedigend. Das kostet mir zusätzlich viel Kraft. Es muss sich etwas ändern. So kann es nicht weitergehen. August, was soll ich tun und womit anfangen?"

Ihre eigene Situation, liebe Leserin, lieber Leser, wird vermutlich ganz anders aussehen. Dennoch werden Ihnen manche Gedanken und Wünsche vertraut sein: Wie komme ich aus meiner verfahrenen Lebenssituation heraus? Wie finde ich meinen weiteren Weg? Woran soll ich mich dabei orientieren?

Ich habe diese Freundin ein Jahr lang in der Veränderung ihrer Situation und bei der Suche nach ihrem Weg begleitet. Sie hat mich fünfmal zum Gespräch aufgesucht, um sich Ideen zu holen, wie sie es angehen kann, wenn sie nicht weiterweiß. Die zweimonatigen Zeiträume zwischen den Gesprächen waren ihre

„Übungsfelder", wie sie diese nannte. „Da erlaube ich mir das Erfolgreichsein und das Hinfallen, das Traurigsein und das Muthaben. Ich will Neues lernen, aber dabei nicht perfekt sein müssen", sagte sie. Mit Erlaubnis dieser Freundin möchte ich Ihnen wichtige Ausschnitte aus diesen Gesprächen wiedergeben, sofern die Themen für andere Suchende nach dem Lebensweg und dem Lebensziel von Bedeutung sein können.
Jede Person stellt von ihrer konkreten Situation aus die Frage, wo und wie es gut weitergeht. Daher ist die hier angebotene Reihenfolge der Tipps und Überlegungen aus den fünf Gesprächen mit „Nora" individuell zu handhaben. Nicht jedes Thema wird für jede Person gleich wichtig sein. Entscheidend ist, dass Sie, liebe Leserin, lieber Leser, bei jenen Fragen und Gedanken einsteigen, die Sie im Moment besonders ansprechen.

Ein **Arbeitsheft zum Herausnehmen** finden Sie im hinteren Teil des Buches. Darin sind 10 wichtige Zielfragen, auf die ich im Buch eingehen werde. An den entsprechenden Stellen lade ich Sie dazu ein, die jeweilige Zielfrage im Arbeitsheft für sich zu beantworten. Ihre Antworten sind etwas Persönliches und Intimes. Überlegen Sie sich daher, wo Sie Ihr Arbeitsheft aufbewahren möchten.

Vier wesentliche Empfehlungen vorneweg, die Sie beherzigen sollten. Mit ihnen erhöhen Sie Ihre Chancen, sich tatsächlich zu verändern:

- **Zeit und Platz für Neues:** Wer seine Lebensspur verändern oder eine neue finden will, braucht dafür „leere" Zeiten. Vollkommen freie Zeiträume, um neu zu denken. Das ist für Veränderungen entscheidend! Die meisten wollen sich zwar verändern, haben dafür jedoch viel zu wenig Platz im Alltag. Wenn das auch bei Ihnen der Fall ist, müssen Sie sich zuerst mit dem „Entrümpeln" beschäftigen! Viele unserer seelischen, geistigen und praktischen Lebensräume sind mit zahlreichen Dingen vollgestellt, die wir in Wahrheit gar nicht mehr brauchen. Sie verstellen zudem den Blick und den Platz für Neues. Sie glauben gar nicht, was Sie alles nicht mehr brauchen, wenn Sie mit dem „Entrümpeln" beginnen. Übrigens: Wer viel verändern will, braucht auch viel freien Platz für das Neue!

- **Geduld:** Wer seine Lebensspur finden und sich verändern will, braucht Geduld mit sich selbst. Spurensuche verlangt langsames Gehen und braucht das Innehalten. Ich muss schauen, wo ich bin, bevor ich eine Richtung einschlage. Wer ein von Stress Getriebener ist, sich keine Auszeiten gönnt und im Laufrad seiner bisherigen Lebensart verbleibt, wird seinen (neuen) Weg nicht finden. Die erwähnte Freundin ist ein sehr gestresster Mensch gewesen. Vor allem ihre geistigen Veränderungen innerhalb dieses einen Jahres waren enorm. Weniger „Speed" und mehr Einsicht darin, dass wichtige Veränderungen sehr viel langsamer vor sich gehen, als sie es gern gehabt hätte, waren ausschlaggebend für ihre Entwicklungserfolge.
- **Schreiben:** Schreiben unterstützt Sie beim Konkretisieren und Verdichten Ihrer Gedanken. Was Sie schreiben, zeichnen oder mit Symbolen darstellen, hält das Wichtige präsent. Das nützt Ihnen auch, wenn Sie später manches nochmals überdenken und nachjustieren wollen. Schließlich zeichnen

Sie damit Ihren Entwicklungsweg auf – ähnlich einem Fahrtenschreiber, der in der Gesamtschau Ihren „roten Lebensfaden" freigeben wird.

- **Gespräche:** Gespräche mit vertrauten und kompetenten Personen sind eine gute Klärungshilfe: Personen, die selbst einen emotionalen Abstand zum Problem haben, tun sich leichter als Sie selbst, Ihre Gedanken zu ordnen. Zudem kann ein anderer Blickwinkel neue Sichtweisen und Ideen bringen. Dennoch ist hier auch Vorsicht geboten. Erstens: Beschränken Sie sich darauf, nur wenige Personen in Ihre Überlegungen einzubinden. Zu viele Mitsprechende können Sie auch verwirren und Sie hören Ihre eigene innere Stimme nicht mehr. Zweitens: Sie können andere durchaus um Rat bitten, was diese an Ihrer Stelle tun würden. Hören Sie sich an, was sie zu sagen haben. Folgen Sie dennoch nicht einfach den Ratschlägen. Entscheiden Sie selbst, was Sie davon aufgreifen und was nicht. Keiner weiß besser als Sie selbst, was wirklich gut für Sie ist. Denn auch die besten Experten kennen Sie nicht so gut wie Sie sich selbst. Zudem gehen viele „Berater" von ihrer eigenen Lebenserfahrung und -perspektive aus.

Zum Leseverständnis:
Die nachfolgenden Ausschnitte aus den fünf Gesprächen mit dieser Freundin – ich nenne sie „Nora" („**N**") – geben, wie angedeutet, nur Inhalte in verdichteter Form wieder, die für viele interessant sein können, die den eigenen Weg suchen.
An passenden Stellen habe ich Inhalte ergänzend eingefügt, die nicht Teil der Gespräche waren, jedoch für das Finden der eigenen Lebensziele wichtig sind.

„**A**" steht für mich als August Höglinger, also für meine Fragen, Antworten und die ergänzenden inhaltlichen Impulse.

Ich wünsche Ihnen, dass Sie für Ihre Sehnsucht nach Veränderung und für die Suche nach dem eigenen Weg in dieser Lektüre gedankliche und praktische Hilfen entdecken. Ich bin davon überzeugt, dass dies der Fall sein wird. Gehen Sie die Spurensuche langsam an. Nehmen und geben Sie sich dafür Zeit. Lesen Sie die im Buch angebotenen Zielfragen nicht nur. Beantworten Sie die gestellten Fragen spontan. Dann werden Sie deren Wirkung erfahren. Denn sie helfen Ihnen, wieder neue und attraktive Ziele für Ihr Leben zu finden.

Ihr

August Höglinger

Männliche/weibliche Form im Text

Ich habe aus Gründen der besseren Lesbarkeit und Verständlichkeit des Textes nur eine Form der Anrede gewählt, und zwar die männliche, weil sie die gängigere ist. Diese steht stellvertretend für beide Geschlechter. Ich bitte alle meine Leserinnen und Leser um ihr Verständnis.

Ich will mich verändern

A: Nora, bevor wir nach Auswegen aus deiner bisherigen Situation suchen, hätte mich Folgendes interessiert: Wie hast du bisher deine Wege, die du eingeschlagen hast, gefunden? Bist du mehr nach Plan oder mehr nach Zufall vorgegangen?

N: Darüber habe ich mir bis jetzt wenig Gedanken gemacht. Wie ich bisher meine Ziele gefunden habe, da werde ich mich vermutlich kaum von anderen Menschen unterscheiden. August, wie finden andere Menschen ihre Ziele im Leben?

> Die meisten Menschen schießen in ihrem Leben irgendwohin.
> Danach stellen sie die Zielscheibe dort auf, wohin sie getroffen haben.

A: In einem Bild gesprochen, tun die meisten Menschen Folgendes: Sie schießen irgendwohin in ihrem Leben und stellen dann, nachdem sie geschossen haben, die Scheibe genau dorthin, wohin sie getroffen haben. Dann klopfen sie sich auf die Schulter und sagen: „Habe ich nicht gut getroffen? Bin ich nicht ein guter Schütze?" Diese Methode ist an und für sich nicht schlecht. Du hast es bisher mit manchen Vorhaben ja ähnlich gehalten. Die Methode hat jedoch einen großen Nachteil. Und diesen Nachteil hat mir ein befreundeter Arzt bewusst gemacht. Er hat mich

damals gefragt: „August, warum lerne ich in meinem Leben nichts dazu?"
Mein Freund war damals 42 Jahre alt. Er sagte: „Ich habe mit 39 Jahren diesen Fehler gemacht, mit 40, 41 wieder, und jetzt mit 42 Jahren mache ich diesen Fehler noch immer. Woran liegt das?" Im Gespräch ist ihm bewusst geworden, dass er seine Vorhaben im Leben stets genau so angegangen ist: Er hat zuerst geschossen und dann seine Zielscheibe genau dorthin gehängt, wohin er getroffen hat. Er hat damit scheinbar immer „Volltreffer" gelandet. Was sollte er daher auch dazulernen? Er war ja offenbar erfolgreich!
Ich erinnere mich noch gut an jenen Abend, an dem wir in einem Lokal ein gutes Glas Wein tranken, ein Blatt Papier zur Hand nahmen und das erste Mal eine Zielscheibe für das nächste Jahr festlegten. Wir fixierten jene Ziele und Maßnahmen, die er sich für das kommende Jahr vornahm. Er hatte zum ersten Mal in seinem Leben schriftlich Ziele formuliert.
Ein Jahr später setzten wir uns erneut zusammen, und ich fragte ihn: „Was ist aus deinen im Vorjahr festgelegten Zielen und Maßnahmen geworden?" Weißt du, Nora, wo der Zettel meines Freundes mit den formulierten Zielen lag? Genau noch an derselben Stelle, wo er ihn vor einem Jahr hingelegt hatte. Er hatte zwar eine Zielscheibe aufgestellt und auch geschossen. Aber er hat die Zielscheibe nie betrachtet. Dadurch wusste er auch nicht, ob und wie er getroffen hat. Er befürchtete, die gesetzten Ziele nicht zu erreichen. Mit dem Blick auf die Scheibe hätte er vielleicht festgestellt, dass er danebengeschossen hat. Konsequenterweise hätte er sein Verhalten ändern müssen, um seine Ziele zu erreichen. Das wollte er jedoch nicht. Deshalb hat er den Zettel nie zur Hand genommen.

Habe ich meine Ziele getroffen?
Gelandete Treffer, echte Volltreffer ...

N: Was empfiehlst du mir, wie ich mit Vorhaben und Zielen besser umgehen kann?

A: Erstens: Sei mutig und sieh auf deinen Zielscheiben nach, die du treffen wolltest! Betrachte sie nach tatsächlich gelandeten Treffern und Fehlschüssen! Darin liegen viele Erkenntnisse für deinen weiteren Weg.
Zweitens: Plane deine Ziele und formuliere sie möglichst konkret. Dazu kann ich dir später gerne mehr sagen, wenn du das möchtest. Nütze all deine Chancen und Möglichkeiten, deine Ziele zu erreichen! Du kannst oft sehr viel mehr für deine Ziele tun, als du anfänglich glaubst. Die Frage ist vor allem: Was willst du? Das musst du für dich herausfinden. Wenn du dann weißt, was du willst, musst du deinen Weg zielstrebig gehen. Dieser Teil deines Glücks liegt in deiner Verantwortung.
Drittens: Dass man trotz allem Bemühen in schwierige Lebenssituationen geraten kann, ist normal. Auch in tiefe Krisen kannst du schlittern. Vor Schicksalsschlägen ist niemand sicher. Die Herausforderung liegt dann darin, sich diesen Umständen zu stellen und nichts über Jahre hinweg zu verschleppen. Genau in diesem Punkt unterscheiden sich die Menschen: Die einen stellen sich der Situation und steuern dagegen. Andere betrauern ihre Lebenssituation und raffen sich nicht dazu auf, etwas an sich zu ändern. Es gibt noch genügend weitere Möglichkeiten, sich schwierigen Lebenslagen nicht zu stellen. Umso mehr freut es mich für dich, dass du deine Situation angehen und verändern willst.

N: Ich weiß, dass ich lange noch so dahinleben könnte wie jetzt. Finanziell bin ich halbwegs abgesichert. Es drückt mich kein Schmerz derart, dass ich mich unbedingt verändern müsste. Wenn ich jedoch so weiterlebe, stumpfe ich ab. Und irgendwann lebe ich ein graues Leben in eingefahrenen Bahnen. Wenn ich noch länger warte, könnte mir die Kraft fehlen, auszusteigen. Daher will ich jetzt etwas tun!

Irgendwann lebe ich ein graues Leben
in eingefahrenen Bahnen,
das ich so nie wollte.
Daher will ich jetzt etwas tun!

A: Auf dem Weg zu einem besseren Leben, zu deinem Leben, musst du eines bedenken: Du wirst auch zukünftig immer wieder danebenschießen! Es gibt für deine Vorhaben keine Erfolgsgarantie. Das ist so. Im Gespräch mit dem befreundeten Arzt ist ganz klar herausgekommen: Es geht oft nicht anders, als zuerst zu schießen und Fehlschüsse zu riskieren. Manche Beziehungsprobleme und andere Pläne in deinem Leben kannst du nicht akademisch lösen. Du musst etwas versuchen, riskieren und Erfahrung gewinnen. Dadurch entwickelst du ein Gespür für deine Ziele und für Treffer und Nieten. Es braucht schon Mut, ohne Erfolgsgarantie etwas anzugehen. Nur das Gehen des Weges kann dir zeigen, ob du dort ankommst, wohin du wolltest. Und: Du musst in regelmäßigen Abständen deine Zielscheibe betrachten, wie du getroffen hast. Nur wenn du nachsiehst, lernst du etwas dazu. Du solltest daraus unbedingt Konsequenzen ziehen, sonst bringen dir deine Erkenntnisse nichts.

N: Wie weiß ich, dass ich getroffen habe?

Woran wirst du einen echten Treffer, einen Volltreffer, erkennen?

A: Woran du einen echten Treffer erkennen wirst? Ein paar allgemeine Punkte lassen sich zur Orientierung benennen. Sie gelten sowohl für Beziehungsziele als auch für andere Vorhaben, die du verfolgst:

- Ein echter Treffer trifft – nämlich dich, ganz innen.
- Echte Treffer tun dir gut, nämlich nachhaltig, nicht nur für den Moment. Sie gehen unter die Haut, in dich hinein und schenken dir ein wohltuendes Gefühl. Echte Treffer machen dich wirklich zufrieden, nicht bloß kurz und oberflächlich. Du spürst ihre positive Wirkung noch Stunden danach als eine Art innere Freude und Wärme.
- Echte Treffer lassen Spannungen von dir abfallen, sie ent-spannen dich.
- Echte Treffer berühren dich als ganzen Menschen. Sie bringen dein Denken, dein Herz und dein inneres Gefühl spürbar in einen Klang – in Ein-Klang, der dir sagt: Ja, was du hier tust und erlebst, ist stimmig! Stimmt! So ist es ganz und gar gut!
- Echte Treffer schenken dir eine innere Erfüllung. Sie machen dich voll wie eine ganze Tankfüllung: Sie füllen dich auf mit Glück und lassen dich die Mühen und Risiken vergessen, die für dieses Ziel notwendig gewesen sind.
- Wer glücklich ist, strahlt das für andere spürbar

aus: im Glanz seiner Augen, im Schwung und Gang des eigenen Schrittes, in seiner Gestik und Entspanntheit.
- Echte Treffer sind Erfolge, die deine Motivation beflügeln und dir Mut für weitere Schritte schenken.

Jeder von uns hat diese Treffer-Momente auf unterschiedliche Weise schon erleben dürfen. Dessen bin ich mir sicher. Ob du mit deinen Vorhaben einen Treffer gelandet hast oder nicht, wirst letztlich immer nur du selbst empfinden können. Niemand von außen kann dir sagen, was dir gut tut. Außenstehende können es gut spüren, wenn dir eine Situation oder Beziehung nicht gut zu tun scheint. Zufriedene Menschen wirken anders. Die Menschen um dich spüren deinen Frust auf vielerlei Weise mit, nur du selbst vielleicht noch nicht. Dann kann eine Rückmeldung von außen ein wichtiges Signal und ein hilfreicher Denkanstoß für dich sein. Manchmal fehlt einem als betroffene Person der Abstand, um eine Situation angemessen einzuschätzen.

N: Dass Fehlschüsse nicht zu vermeiden sind, davon konnte ich mich in meinem Leben schon zur Genüge überzeugen. Ich möchte nicht mehr danebenschießen müssen. Ich mag keine Verletzungen und kein Scheitern mehr.

A: Ich kenne niemanden, der in seinem Leben gerne danebenschießt. Manche Wege können nur im Nachhinein als Sackgasse erkannt werden. Wer geht und sich bewegt, wird auch immer wieder einmal stolpern und möglicherweise hinfallen. Das Hinfallen ist keine Schande – das Liegenbleiben schon. Sich den Mut für

Fehlschläge zu behalten, das ist wichtig. In unserem Kulturkreis werden Danebenschießen und Fehler als etwas Negatives gesehen. In der Schule bekommst du für Fehler schlechte Beurteilungen – bis hin zum „Nicht genügend". Oft werden sie durch rote Farbe hervorgehoben. Rot gefärbte Heftseiten heben die Lernmotivation von Schülern nicht wirklich. Damit fördern wir frühzeitig die Angst vor Fehlern.

Der schlimmste Fehler in diesem Leben ist,
ständig zu befürchten,
dass man einen macht.

Elbert Hubbard

Auch im Berufsleben ist das Fehlermachen angstbesetzt: Wenn etwas nicht passt oder klappt, ist mit Kritik des Chefs zu rechnen. In vielen Betrieben sind Fehler keine Chance, um etwas Neues daraus zu lernen. Sie sind vielmehr eine Gelegenheit, um zu belehren. Fehler werden geahndet.

Fehlschüsse, die Angst machen oder frustrieren: über das Ziel geschossen, Schuss ging in die verkehrte Richtung, Ziel wurde nicht erreicht.

N: Oft gehe ich mit mir selbst schlecht um, wenn ich Fehler mache. Ich bin meine größte Kritikerin. Wenn ich zum Beispiel etwas nicht schaffe, sehe ich meistens die Schuld bei mir allein und verkrieche mich. Ich weiß, dass mich dieses Denken nicht weiterbringt, ganz im Gegenteil.

A: Ich möchte dir etwas anbieten: Wenn du über deine Fehlschüsse nachdenkst, versuche sie vielleicht aus einer anderen Perspektive zu betrachten. Schaden kann es ja nicht. Ich möchte dir dazu ein Ereignis erzählen, von dem ich während meiner Studienzeit erfahren habe. Damals hatte ich für einen Weltkonzern im IT-Bereich gearbeitet. Ein Mitarbeiter hatte dem Unternehmen einen Schaden in der Höhe von über einer Million Euro zugefügt. Dieser Mitarbeiter wurde daraufhin zum Generaldirektor gerufen. Der fragte ihn: „Warum glauben Sie, sind Sie zu mir gerufen worden?"
„Wahrscheinlich kündigen Sie mich jetzt", antwortete darauf der Mitarbeiter. „Sind Sie verrückt?!", erwiderte der Generaldirektor. „Wir werden doch keinen Mitarbeiter kündigen, in dessen Ausbildung wir gerade eine Million Euro investiert haben!"
Betrachte deine Fehlschüsse einmal so: Wenn du aus einem Fehler etwas lernst, wirkt er wie eine Ausbildung. Es liegt an dir, aus diesen Lernerfahrungen Konsequenzen zu ziehen: Was werde ich zukünftig abstellen? Was mache ich beim nächsten Mal anders? Was funktioniert so nicht? Wo lasse ich es nicht mehr so weit kommen, dass ...? Womit ist ab nun Schluss?
„Geht es dir gut oder lernst du gerade etwas?" Diese Lebensweisheit beschreibt für mich diesen anderen Blickwinkel, wie ich mit Fehlern umgehen kann.

> Betrachte immer die helle Seite der Dinge!
> Und wenn sie keine haben?
> Dann reibe die dunkle,
> bis sie glänzt.
> *Sprichwort aus Skandinavien*

Ein Fehler hat dann einen Sinn, wenn man aus ihm etwas lernt! Einer meiner ehemaligen Mitarbeiter war ein Perfektionist und konnte sich keine Fehler eingestehen. Als er einmal völlig zerknirscht in meinem Büro saß, weil er einen Fehler begangen hatte, habe ich uns beiden ein Glas Sekt eingeschenkt, und wir haben den Fehler gefeiert. Er war so gerührt, dass einige Tränen flossen. Wir haben uns dann darüber unterhalten, was er aus dem Fehler gelernt hat.
Wenn ich in Unternehmen beratend tätig bin, taucht das Problem der negativen Einstellung zu Fehlern sehr oft auf. Ich sage: „Ihr dürft Fehler machen. Wer keine Fehler macht, lernt nichts!" Dann sagen alle: „Juhu, endlich Fehler machen!" „Ja. Aber ihr sollt denselben Fehler, wenn möglich, nur einmal machen. Nicht zwei- oder dreimal. Das zweite Mal solltet ihr bereits etwas aus dem ersten Fehler gelernt haben."

N: Aus den schmerzlichen Erfahrungen der vergangenen Jahre habe ich zu wenig gelernt. Viele Seiten meiner Lebensgeschichte sind schon geschrieben. Ich weiß, dass ich mein Leben nicht mehr von vorne beginnen kann. Ich könnte aber jetzt einen Punkt setzen und einen neuen Satz beginnen. Einen, der anders lautet als jene, die ich bisher geschrieben habe. Ich kann ab jetzt eine Richtung einschlagen, die mich dorthin führt, wohin ich will.

A: Wann dieses „ab jetzt" sein wird, entscheidest du! Nora, ich glaube, dass es gut ist, für dieses Gespräch genau hier einen Punkt zu setzen. Du stehst vor der Entscheidung, wie dein nächster Satz beginnen und lauten wird. Wofür du dich auch entscheidest, wähle den Weg, den du aus ganzem Herzen willst. Halb-herzige Entscheidungen bereust du hinterher. Wenn du einen neuen Weg halb-herzig wählst und dieser nicht nach Wunsch verläuft, wirst du bald zu jammern beginnen: „Hätte ich doch mein altes Leben weitergelebt! Da hätte ich wenigstens dieses und jenes gehabt ..." Bedenke: Ein neuer Weg wird oft mühsam und kein Spazierweg sein. Wenn du dir deine Wünsche erfüllen willst, wirst du ihnen entschieden nachzugehen haben. Das klingt einfach, ist es aber nicht. So ein Weg verlangt von dir, dass du dort keine Kompromisse mehr eingehst, wo du diese nicht mehr willst. Du hörst auf, dein Rückgrat gegenüber anderen zu verbiegen. Dein aufrechter Gang, deine Freiheit und Würde sind dir dann wichtiger als unbefriedigende Lösungen. Wenn du zu deinen Bedürfnissen stehst, wirst du mit den Folgen dieser Entscheidung umzugehen haben.

Die meisten Menschen
lamentieren lieber.
Sie leben lieber das alte Leben
mit den ihnen bekannten Problemen.
Nur wenige haben den Mut,
sich zu den unbekannten Lösungen
aufzumachen.

A: Weißt du, was Wünsche von Zielen unterscheidet? Es ist der Preis! Es ist das, was du dafür zu „zahlen" bereit sein musst. Wünsche kosten dich noch nichts. An Wünschen mangelt es auch vielen anderen nicht. Aber einen entsprechenden Preis dafür wollen sie dann doch nicht bezahlen. Je größer die Wünsche sind, desto höher sind die Preise, desto mehr wird dir abverlangt werden. Deine gewünschte Zufriedenheit kostet dich die bisherige Unzufriedenheit. Dein neues Leben kostet dich dein altes.
Wenn du dir die Vorteile der momentanen Situation behalten möchtest, musst du deine größeren Wünsche wieder in das Regal deiner Träume zurückstellen. Viele denken bei Entscheidungen dieser Art nur an den Preis, den ihnen Neues kosten würde. Sie vergessen, dass ihnen die momentanen Vorteile sehr viel kosten – nämlich den Preis ihrer Nachteile.

„Die Hoffnung stirbt immer zuletzt", sagt eine alte Erfahrung. Du hältst daran fest, solange es irgend geht. Du wartest zu und hoffst – oft viele Jahre lang, dass sich die Situation doch noch zum Guten hin verändert. Wünsche können auch auf diese Weise in Erfüllung gehen. Es gibt auch noch eine andere Erfahrung: Es ändert sich eher und früher etwas, wenn du dich veränderst. Durch deine eigene Veränderung veränderst du die Situation selbst. Du schaffst damit neue Rahmenbedingungen – für dich und die anderen „Mitbetroffenen". Dann wirst du sehen, wer sich mit dir mitverändert und wer letztlich doch in seinen alten Entscheidungen verbleiben will.

Kennst du das Märchen von der richtigen Entscheidung?

A: Kennst du das Märchen von der richtigen Entscheidung? Nein? Es ist ein Märchen! Ob deine Entscheidung für einen bestimmten Weg richtig und lohnenswert gewesen ist, kannst du nur im Tun, im Dich-Einlassen auf diesen Weg, herausfinden.

„So kann es nicht weitergehen!", hast du gesagt. „Ich will etwas ändern." Der Unterschied zwischen Wunsch und Ziel ist der Preis, den du dafür zu zahlen hast. Komm wieder, wenn du deine Entscheidung getroffen hast, ob du den Preis für deine Veränderungen zahlen willst.

ICH BRECHE AUF

A: Nora, ich bin gespannt: Was gibt es Neues zu berichten? Steht deine Veränderung an?

N: Die letzten Monate habe ich mich gedanklich sehr verändert. Mir ist diese Zeit wie eine Art Wandlung vorgekommen, so wie sich Raupen verpuppen, bevor sie zum Schmetterling werden und danach ihre Flügel entfalten. Ich habe mich gefragt, wie es zu dieser Verwandlung gekommen ist. Ich glaube, indem ich meine Angst überwunden und mir gesagt habe: Ich lasse mich auf das Neue ganz und gar ein. Ich lasse mich fallen, ohne zu wissen, was auf mich zukommen wird. Noch länger zu warten lohnt sich nicht. August, ich bitte dich daher, mir zu helfen, meinen Weg entschiedener zu gehen. Und finden muss ich ihn auch noch.

Meine innere Wandlung habe ich in einem Text zusammengefasst. Er markiert für mich im Moment Ende und Anfang zugleich. Altes vergeht, Neues beginnt. Ich will mehr riskieren! Mir ist die Chance auf ein neues Leben, das vielleicht schöner sein könnte, wichtiger geworden. Daher lasse ich los, was ich bisher hatte:

ES ist so weit

ES ist so weit:
Ich verlasse meinen inneren Kreisverkehr, mein Jammertal!
Lange genug – viel zu lange schon – habe ich mich darin aufgehalten.
Lange genug – viel zu lange schon – habe ich mich selbst weggesperrt, eingekerkert und in Ketten gelegt.
Lange genug – viel zu lange schon – starrte ich voll Sehnsucht nach draußen zu jenen, die ungeniert ihre Freiheit leben.

ES ist so weit:
Was bisher war, will ich so stehen und zurücklassen.
Was und wer mich frustrierte, müde machte und krank,
das und den lasse ich nun los.
Sie sind Teil meiner Geschichte,
die so sein darf, wie sie war.
Ich nehme sie an mit all ihren Seiten:
Dankbar bin ich für das, was ich erleben und lernen durfte,
auch für das Dunkle mancher Tage.
Jedes Gute und Schöne dieser Zeit
behalte ich im Herzen wie kostbare Perlen.

ES ist so weit:
Ich spüre, dass meine Hände wieder frei werden und offen.
Der Krampf in den Gliedern löst sich.
Das Blut beginnt neu zu fließen bis hin zu den

Spitzen meiner Finger.
Ich beginne mich zu bewegen, meine Muskeln,
meine Hände.
Ich taste nach Neuem.
Tauwetter erfasst mein Herz. Frühling! Reiselust!
Ich schnuppere Abenteuer!
Ich will frischen Wind um meinen ganzen
Körper spüren!
Ich will noch so viel entdecken!

ICH bin so weit:
Der Moment ist da,
die haltenden Seile loszumachen
und die Anker zu lichten.
Ich verlasse meinen sicheren Hafen.
Ich breche auf zu neuen Ufern.
Ich drehe die Segel meiner Wünsche
in den Wind der vielen Möglichkeiten.
Ich bin wieder Kapitän und auf See.
Endlich!

A: Ich freue mich sehr, dass du dich für diesen Weg entschieden hast. Dein Text ist in seinen Worten, Gefühlen und Bildern ungemein dicht. Er lässt spüren, welchen inneren Weg du in den letzten Wochen gegangen bist. In meinem Herzen habe ich mir gewünscht, dass du dich dafür entscheidest, aufzubrechen. Dennoch musstest du diese Entscheidung selber treffen. Ein Sprichwort lautet: „Du kannst ein Pferd zur Tränke bringen, du kannst es nicht zum Trinken zwingen." Ich werde dich gerne beim Finden und Gehen deines Weges begleiten.
Neue Schritte sind riskant, weil es dafür keine Erfolgsgarantie gibt. Niemand hat es bisher bereut, den eige-

nen Herzenswünschen nachzugehen – auch wenn sich Wünsche dann nicht erfüllt haben. Ich kenne jedoch viele, die es hinterher bereut haben, zu wenig mutig gewesen zu sein. Die nie gewagten Versuche hinterlassen eine Trauer in der Seele. Die Versuche hätten erfolgreich sein können.

> Sehnsucht ist das halbe Leben;
> Zufriedenheit ist der halbe Tod.
> *Khalil Gibran*

A: Unter 95-jährigen Personen wurde eine Befragung durchgeführt. Diese 95-Jährigen wurden damals unter anderem Folgendes gefragt: „Was würden Sie in Ihrem Leben anders machen, wenn Sie noch einmal leben könnten?" Die meisten antworteten darauf: „Wir würden mehr in Dinge investieren, die das eigene Leben überdauern." Also mehr investieren in Dinge, die auch dann noch bestehen bleiben, wenn man selbst gestorben ist. Zum Beispiel: Kinder in die Welt setzen, weil sie das Leben der Eltern und Großeltern fortführen. Oder: einen Baum pflanzen, ein Bild malen, ein Buch schreiben und dergleichen mehr. Das würden sie tun.
Dann haben die befragten 95-Jährigen noch etwas gesagt, das sie ändern würden, wenn sie noch einmal leben könnten: Sie würden mehr riskieren! Viel zu spät mussten sie sich eingestehen, im Leben zu wenig riskiert zu haben.

Leute, die alles bedenken,
ehe sie einen Schritt tun,
werden ihr Leben
auf einem Bein verbringen.
Anthony de Mello

N: Mir ist klar, dass mein Leben nur anders wird, wenn ich mehr riskiere als bisher. Ich weiß, es gibt keine Garantie für einen guten Ausgang. Jedoch ohne Aufbrechen gibt es garantiert wenig Chancen für einen solchen. Daher setze ich hinter meine bisherige Lebensgeschichte einen Punkt. So will ich sie nicht mehr fortschreiben. Ich beginne ein neues Kapitel in meinem Lebensdrehbuch. Das erste Blatt dieses Kapitels sehe ich vor mir: Es ist gänzlich unbeschrieben. Womit ich beginne, liegt ganz bei mir. Ich finde das total spannend! Vielleicht ergeht es mir so wie Autoren, die aufgeregt vor einer leeren, unbeschriebenen Seite sitzen und selbst gespannt sind, wie die nächste Szene beginnen wird.

Im Moment schweben mir mehrere Ideen im Kopf herum, die ich als Nächstes privat und beruflich angehen möchte. Mir fehlt jedoch die rechte Übersicht, welche dieser Vorhaben ich umsetzen soll und ob sie für meinen Weg hilfreich sind. Welcher Weg ist eigentlich meiner? Woran erkenne ich ihn? Und: Welche meiner Vorhaben sind auch realistisch? Ich sollte nicht den Boden unter meinen Füßen verlieren.
August, noch etwas Weiteres: Du sprichst von Zielen und manchmal von Lebenszielen. Dazu hätte ich gerne mehr erfahren. Lebensziele, das klingt nach einem gro-

ßen Wort. Wie findet man seine Lebensziele? Und: Macht es überhaupt einen Sinn, sein Leben in derart großen Perspektiven zu planen? In unserem Leben ändert sich doch ständig etwas. Entsteht nicht ohnehin der Weg aus den vielen einzelnen Zielen, die man verfolgt?
Du siehst also, ich brauche zu Beginn meines neuen Kapitels etwas Start- und Orientierungshilfe.

Welcher Weg ist meiner?

A: Diese Hilfe biete ich dir gerne an! Du hast wichtige Fragen aufgeworfen. Ich werde sie im Laufe unserer Gespräche beantworten. Für das heutige Gespräch möchte ich dir zwei Dinge anbieten. Erstens: ein paar einfache Tipps als Werkzeuge, die das Finden der eigenen Spur wesentlich unterstützen. Zweitens: Wir beginnen mit konkreten Fragen nach deinen Zielen, mit denen du nun deine Spurensuche aufnehmen kannst. Mir ist es wichtig, nicht zu hastig, sondern richtig zu beginnen. Das heißt, wir setzen einen Schritt nach dem anderen. Daher bitte ich dich um ein wenig Geduld. Wir sollten den Berg, den du jetzt vor dir hast und besteigen wirst, nicht zu schnell angehen. Sonst kommst du außer Atem. Oder du verlierst bald die Lust daran, weil der Weg mühsam werden kann. Okay?

N: Alles klar!
A: Nun ein paar Hilfen für deine Spuren- und Wegsuche. Es geht hier um einfache Tipps, die jedoch einen wichtigen psychologischen Effekt besitzen und deine geistige, innere Veränderung und dein Um-Denken unterstützen werden.

Erstens: Unterbrich in nächster Zeit bewusst und regelmäßig deinen Alltagstrott! Am besten täglich. Mindestens zwei- bis dreimal die Woche. Geh zum Beispiel wieder mehr hinaus in die Natur! Früher hast du's doch auch getan! Erweitere deine Perspektiven durch neue Erfahrungen: Entdecke bewusst auch einmal neue Wander- und Laufwege. Nimm deine Nordic-Walking-Stöcke in die Hand und geh – heute noch! In jedem Fall diese Woche. Durchmische dein gewohntes Alltagsleben mit Neuem.
Erlaube dir, spontan zu sein und eine Gelegenheit beim Schopf zu packen. Nütze zum Beispiel ein Kulturangebot aus der Tageszeitung oder einer Zeitschrift. Frage jemanden, der mit dir mitgeht. Sonst gehst du diesmal allein.
Zu meditieren ist eine ausgezeichnete Möglichkeit, deinen Alltag und deine gewohnten Gedanken zu unterbrechen; eine viertel oder halbe Stunde reicht dafür völlig aus. Unterbrechungen dieser Art helfen dir, deine innere Sehschärfe zurückzugewinnen. Die zeitliche Dauer dieser Unterbrechungen ist weniger entscheidend. Wichtiger ist, dass du sie regelmäßig durchführst.

Zweitens: „Entrümple" deine innere und äußere Wohnung! Zu viele alte Dinge und Gedanken, die du ohnehin nicht mehr verwendest, verstellen Platz für Neues. Plane eine „Entrümpelungsaktion": Trenne dich von Möbeln, Kleidungsstücken, Zeitschriften, Büchern, CDs, Filmen, Briefen, Bildern und Utensilien, die du jetzt nicht mehr benötigst. Gib das noch Brauchbare einer sozialen Einrichtung, spende es für einen Flohmarkt. „Entrümpeln" erleichtert innerlich und äußerlich! Es schafft Platz und Freiheit für Neues. Ein guter

Freund von mir hat sogar seine Wohnung und seine bisherigen Kontakte aufgegeben, um sein Leben und seine Lebensumstände neu auszurichten. Äußere Veränderungen haben auch innere Auswirkungen!

Drittens: Nora, herunter vom Gas! Im Moment bist du sehr „speedy" und euphorisch unterwegs. Das ist einerseits gut, weil dir so viel Power zur Verfügung steht. Zu bedenken ist jedoch, dass unsere Seele – so drückt es die berühmte Psychologin Vera Birkenbihl in Zahlen aus – zirka 15-mal langsamer ist als unser Denken! Also, deine Seele kriegt bei Veränderungen erst sehr viel später die Kurve. Du musst sie immer wieder nachkommen lassen. Wir funktionieren nicht auf Knopfdruck. Wir sind ein Teil der Natur. Dort entwickeln sich wesentliche Dinge über langsames Wachsen und Heranreifen. Tu dir etwas Gutes: Werde viel, viel langsamer! Das ist sinnvoller, als wenn du mit verschiedenen Aktionen Haken schlägst wie ein Hase auf dem Feld. Gerade in der Veränderung ist die Richtung viel wichtiger als die Geschwindigkeit!

10 Fragen zum Finden des eigenen Weges

A: Für deine Spurensuche möchte ich dir verschiedene Zielfragen anbieten. In Summe werden es schließlich 10 Fragen sein, die dich deine Ziele finden lassen. Nimm ein Blatt Papier und einen Stift zur Hand und notiere die erste Zielfrage.

Die erste Zielfrage

Was sind im Moment meine größten Nöte und Schwierigkeiten?
Was beeinträchtigt meine Lebenssituation am meisten?
Was belastet meine Lebensfreude am meisten?
Worunter leide ich am meisten – seelisch, gesundheitlich ...?

Zeit für Notizen.

N: Soll ich das jetzt gleich beantworten? Einiges habe ich dir ohnehin schon gesagt.

A: Schreib deine wichtigsten Gedanken dazu jetzt nieder. Gib dir einige Minuten Zeit, um dir die wichtigsten Punkte nochmals vor Augen zu führen. Ergänze sie mit dem, was dir heute dazu noch wichtig erscheint.
Ich schlage dir vor, dass du dir ein Lebensziel-Heft anlegst. Dadurch wirst du nicht nur deine innere und äußere „Reise" dokumentieren und mitverfolgen können. Mit der Zeit werden dir vor allem auch deine Kernsätze und Botschaften immer bewusster, auf die es dir im Leben ankommt.

Liebe Leserin, lieber Leser, an dieser Stelle bitte ich Sie, Ihr persönliches Arbeitsheft zur Hand zu nehmen. Sie finden es im hinteren Teil des Buches. Beantworten Sie für sich die erste Zielfrage. Es gibt kein Zeitlimit. Gönnen Sie sich ausreichend Zeit für Ihre Gedanken, die bei dieser Frage auftauchen.

Weg mit den Krücken

Sieben Jahre wollt' kein Schritt mehr glücken,
Als ich zu dem großen Arzte kam,
Fragte er: „Wozu die Krücken?"
Und ich sagte: „Ich bin lahm."

Sagte er: „Das ist kein Wunder.
Geh, komm, kriech auf allen vieren!
Was dich lähmt, ist dieser Plunder."

Lachend wie ein Ungeheuer
Nahm er mir die schönen Krücken,
Brach sie durch auf meinem Rücken,
Warf sie lachend in das Feuer.

Nun bin ich kuriert, ich gehe.
Mich kurierte ein Gelächter.
Nur zuweilen, wenn ich Hölzer sehe,
Gehe ich für Stunden etwas schlechter.

Bert Brecht

A: Bist du bereit für die zweite Zielfrage?

N: Ich will sie hören.

Die zweite Zielfrage

Was sind meine allergrößten Wünsche?
Was bedeutet mir am allermeisten?
Was ist mir das Wichtigste in meinem Leben?
Ich denke dabei an alle meine verschiedenen Lebensbereiche.

Zeit für Notizen.

> Bring nun deine Wunschliste in eine Reihenfolge.
> Ordne sie nach Wichtigkeit:
>
> - Welcher Wunsch ist mir im Moment am wichtigsten,
> - welcher am zweitwichtigsten und so weiter.

Zeit für Notizen.

N: August, kannst du mir erklären, was es mit diesen Fragen auf sich hat? Ich hätte dazu gerne mehr Hintergrundinformationen, warum sie für das Finden der Ziele so wichtig sind.

A: Deine Nöte und Grund-Bedürfnisse sind von Beginn deines Lebens an deine Ur-Wünsche. Sie sind die Väter und Mütter deiner Wünsche. Im Leben strebst du immer danach – und das ist dann dein Ziel –, diese Nöte wieder „abzustellen", zu beseitigen und deine Bedürfnisse zu befriedigen. Gelingt dir das ausreichend, kehrt in dir wieder Ruhe und Frieden ein. Babys leben uns das sehr direkt vor: Bevor der „Hunger" nicht gestillt ist, haben Mama und Papa keine Ruhe. Du bleibst dein Leben lang eine Suchende, um deine Nöte und Bedürfnisse ausreichend zu befriedigen. Vorher hast du keinen „Frieden". Auf dieser Suche nach Befriedigung versuchen es nicht wenige, etwa ihre Bedürfnisse nach Beziehung, Anerkennung oder

Heimat mit Ersatz-Lösungen zu stillen, zum Beispiel mit entsprechend viel Arbeit oder Alkohol. Deine wirklichen Bedürfnisse kannst du jedoch letztlich nicht mit Ersatz-Lösungen ausreichend befriedigen. Daher wird für manche das Stillen ihrer Sehnsüchte mit Ersatz-Lösungen zur Sucht – zur ewigen Suche nach innerem Frieden, aber ohne Erfolgsaussicht. Daher ist es so wichtig, sich ehrlich seinen Bedürfnissen zu stellen. Schein-Lösungen schenken keinen Frieden. Das ist eine schwierige Arbeit, vor der viele Sehn-Süchtige Angst haben. Sie würden dann nämlich aufhören müssen, sich anzulügen. Nur echte Lösungen machen dich zufrieden.

Vergleicht man die Zielfragen 1 und 2, kann man von zwei unterschiedlichen Zugängen sprechen: Zielfrage 1 geht vom Mangel aus, also von der momentan erlebten negativen Situation. Zielfrage 2 formuliert einen wünschenswerten Zustand. Zwei unterschiedliche Wege, die zum selben Ziel führen. Je nach Menschentyp und Lebenshintergrund wird man sich mit dem einen oder anderen Weg leichter tun.

Den innersten Herzenswünschen nachzugehen, das haben sehr viele Menschen verlernt oder aufgegeben. „Der Alltag lässt keinen Platz für Wünsche!", sagen sie. „Man ist schließlich Realist!" „Es ist enorm wichtig, den eigenen Sehnsüchten nachzugehen!", sage ich. Wenn ich keine Herzenswünsche mehr habe und keine Ziele mehr anstrebe, weiß ich nicht mehr, wofür ich lebe. Die Kraft der eigenen Wünsche kann hingegen Neues bewirken und Ungeahntes verändern, wenn ich sie nur zulasse. Das Leben ist zu kurz, um an der Realität wunschlos zu sterben. Es geht schließlich um mein eigenes Leben!

Erst ein Ziel
macht den Menschen
lebendig.

Michael Horatczuk

A: Kluge Menschen führen eine Wunschliste. Kinder legen eine solche zu Weihnachten an, wenn sie an das Christkind schreiben. Ein Seminarteilnehmer erzählte mir von seiner Methode, die er für sich entwickelt hat, seine Wünsche zu sammeln und in die Realität umzusetzen. Dafür hat er sich zu Hause drei Pinnwände montiert. Auf der ersten Pinnwand sammelt er seine Wünsche – und das möglichst bildhaft, zum Beispiel mit einem Bild des Eiffelturmes, wenn er sich eine Reise nach Paris gewünscht hat. Oder er hatte das Bild einer Harley-Davidson auf die Pinnwand gesteckt, als er sich ein Motorrad wünschte. Wenn er einen Wunsch in die Tat umsetzen will und damit als konkretes Ziel anstrebt, nimmt er das Bild von diesem Wunsch von der ersten Pinnwand. Er steckt es dann von der „Wunsch-Pinnwand" auf die zweite, die „Ziel-Pinnwand". Erst wenn dieser Wunsch erfüllt ist, wandert das Bild auf die dritte, die so genannte „Erfolgs-Pinnwand".

N: Ich habe keine Pinnwände zu Hause. Aber ich könnte mir drei Steckrahmen besorgen, wie sie im Baumarkt erhältlich sind. Das mit den Symbolbildern gefällt mir. Dazu habe ich eine Frage: Brauche ich überhaupt noch eine „Erfolgs-Pinnwand", wenn doch der Wunsch bereits in die Tat umgesetzt worden ist?

A: Ein erreichtes Ziel nennt man Erfolg. Ein wirklicher Erfolg ist es aber erst dann, wenn aus dem Erfolg ein Erfolgs-Erlebnis wird. Ein Erfolg muss daher unbedingt auch gefeiert werden! Ansonsten betrüge ich mich selbst um das Erfolgs-Erlebnis. Ich empfehle dir: Feiere möglichst jeden Erfolg! Zum Feiern eines Erfolges gehört auch das Dank-Sagen bei jenen, denen du den Erfolg „verdankst". Ich bin auf dem Land aufgewachsen und habe das Ritual des kirchlichen Erntedankfestes sehr schön gefunden. Ich habe für mich diese Idee übernommen und feiere einmal im Jahr ein persönliches Erntedankfest: Ich mache mir dabei meine Erfolge bewusst und feiere sie mit meinen Liebsten. Wie so oft im Leben kann man viele dieser wunderbaren Momente im Leben nicht „machen". Vieles an einem Erfolg hat man sich nicht allein erarbeitet, sondern ist einem von lieben Menschen dazugeschenkt worden. Mach dir Erfolge in jedem Fall bewusst. Ein Freund von mir und seine Familie haben ihre Erfolgs-Erinnerungen im ganzen Haus verteilt stehen und hängen. Dazu gehören Fotos und Mitbringsel von ihren Reisen. Aber auch wichtige Momente ihrer Familiengeschichte haben in großen und kleinen Bildern einen Ehrenplatz gefunden. Vor allem die Wände im Bereich des Stiegenaufgangs sind mittlerweile zu einer lebendigen Bildergalerie ihrer Erfolge geworden.

Ich selbst führe seit vielen Jahren eine Erfolgsliste. Zum Erntedankfest nehme ich sie zur Hand und betrachte das vergangene Jahr. Wenn ich mir die Liste meiner Erfolge durchlese, tut mir das einfach gut! Erfolge spenden Kraft. Es scheint manchmal, dass ich von Erfolgen mehr zurückbekomme, als ich selbst dafür aufgewendet habe. Erfolge stärken den Glauben an mich selbst. Sie bestärken mich in der Zuversicht, dass ich auch bevorstehende Herausforderungen meistern werde. Diese positive Einstellung ist besonders in Zeiten hilfreich, in denen es nicht rund läuft. Gut aufgeladene Selbstwert-Batterien verhindern, dass ich vorschnell frustriert bin und schwarz sehe.

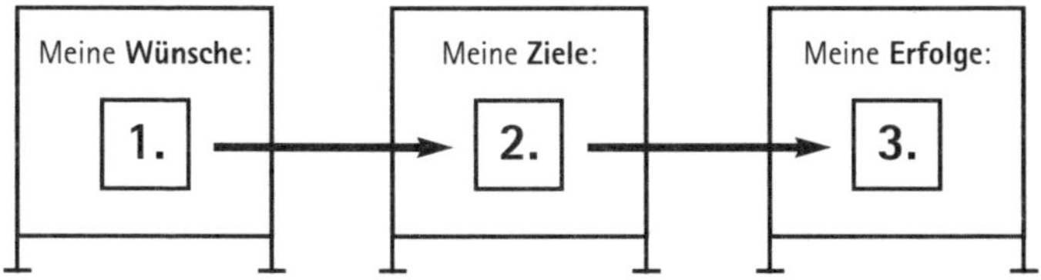

Aus diesen Gründen ist die dritte Pinnwand wichtig – egal wie sie im Alltag umgesetzt sein mag. Zusammengefasst: Die Pinnwände halten dir deine Erfolge bewusst. Du kannst etwas! Sie tanken dich auf. Ausreichend viele Erfolge stärken deine Zuversicht und dein Durchhaltevermögen in schwierigen Zeiten.
Du kannst dir auch ein Glückstagebuch anlegen. Darin hältst du regelmäßig deine Glücksmomente fest. Am besten ist es, wenn du täglich deine guten Momente sammelst. Trage nicht nur die „großen" Momente ein wie außerordentliche Erfolge. Oft sind es gerade viele kleine Glücksmomente und Begebenheiten am Tag, die dein Herz berühren. Gib dir jeden Tag selber einen fixen Höhepunkt, auf den du dich schon im Voraus freuen kannst, zum Beispiel ein gemeinsames Vorhaben mit einem lieben Menschen, der Besuch eines Kinofilms oder die Erledigung eines schon lange aufgeschobenen Vorhabens. Auch das kann ein Glücksmoment sein.

N: In einem Seminar hat uns die Trainerin empfohlen, dass wir uns auf Plätzen, wo wir uns viel aufhalten, „Symbole der Kraft" aufstellen, wie sie diese nannte – Symbole oder Bilder von geliebten Personen, von für uns bedeutsamen Orten und von Dingen, die uns emotional wertvoll sind. In diese Richtung deute ich das Umgehen mit den eigenen Erfolgen. Unlängst habe ich von einem mir wichtigen Menschen einen Stein von jenem Ort erhalten, an dem wir uns zum ersten Mal begegneten. Der Stein ist mir ein Symbol für unsere gemeinsame Beziehung, die wir uns seither aufgebaut haben. Vielleicht mache ich mir aus diesem Stein einen Schmuck, um ihn in meiner Nähe zu haben.

A: Das ist eine sehr gute Idee!

Ich möchte dir in unserem heutigen Gespräch noch die dritte der insgesamt 10 Zielfragen mitgeben, wenn du sie noch hören magst. Sie passt gut zu dem, was wir eben besprochen haben.

N: Ich bitte darum.

Die dritte Zielfrage

Was ist mir in meinem Leben gut gelungen?
Liste auf, was immer dir dazu einfällt.
Hilfreich ist es, wenn du das, was dir einfällt, zum Beispiel auf der linken Seite des Blattes schreibst.

Zeit für Notizen.

Notiere nachfolgende Überlegungen nun auf der rechten Blatthälfte neben deinen Erfolgen: Welche meiner Begabungen und Fähigkeiten sind ausschlaggebend dafür gewesen, dass ich erfolgreich war?

Zeit für Notizen.

N: Meine Begabungen? Ich weiß nicht. Ich kann nichts Besonderes.

A: Oft tun sich Menschen schwer, ihre eigenen Begabungen und Stärken einzuschätzen und deren Wert für andere zu erkennen. Vieles, was sie können, kommt ihnen selbstverständlich vor, anderen hingegen nicht. Sie würden vielleicht gerne können, was dieser Person leicht von der Hand geht.
Ich schlage dir zwei Schritte vor:
Schritt eins: Notiere selbst, welche Stärken du an dir schätzt. Worauf bist du stolz, was du kannst oder geschafft hast? Welche Herausforderungen fallen dir in diesem Zusammenhang ein? Was ist dir dabei gut gelungen? Betrachte anschließend das Notierte. Überlege, welche Fähigkeiten sich darin widerspiegeln.
Sprich unter Umständen mit einer dir wirklich vertrauten Person darüber, welche Fähigkeiten sie darin erkennt. Damit sind wir auch schon bei Schritt zwei.
Schritt zwei: Frage andere, die dich aus unterschiedlichen Situationen kennen und mit denen du regelmäßig viele Stunden verbringst, welche deiner Begabungen sie besonders schätzen; das kann jemand von

deinen Arbeitskollegen sein oder jemand aus deinem Freundeskreis. Die Summe der Rückmeldungen kann ein breites Spektrum an Fähigkeiten aufzeigen, die andere an dir schätzen und die du vielleicht so nicht gesehen hättest.

Manche haben ihre Schwäche darin,
ihre eigenen Stärken im Wert nicht zu schätzen.

A: Ich schlage dir vor, dich in nächster Zeit mit folgenden drei Fragen intensiver zu beschäftigen:

- Erstens: Was sind im Moment meine größten Nöte und Schwierigkeiten?
- Zweitens: Was sind meine allergrößten Wünsche?
- Drittens: Was ist mir in meinem Leben gut gelungen? Welche Fähigkeiten zeigen sich darin?

Nimm dir die eine oder andere Frage mit auf einen Spaziergang. Sprich vielleicht mit anderen über deine Gedanken. Lass auch deine Überlegungen immer wieder einmal ruhen. Dann komm wieder, wenn du diese Fragen für dich beantwortet hast und an den nächsten Zielfragen arbeiten möchtest.

Ich trete auf der Stelle

A: Nora, ich grüße dich! Wie geht es dir mit den Zielfragen? Es ist schon wieder einige Zeit her, dass wir darüber gesprochen haben; mehr als zwei Monate. Was gibt es zu berichten?

N: Der Alltag und der berufliche Stress der letzten Wochen haben mir wenig Zeit gelassen, über deine – oder besser meine – Zielfragen gründlicher nachzudenken. Ich habe mir immerhin ein Buch zugelegt, in das ich meine Überlegungen hineinschreibe. Leider hat mich mein Alltag immer wieder in die alten Gewohnheiten zurückgeholt. Ich habe das Gefühl, auf der Stelle zu treten. Kann das sein?

A: Das kann sein. Vielleicht ist es aber auch nur dein persönlicher Eindruck, dass nichts weitergeht. Wir verändern uns nicht geradlinig und stetig aufsteigend. Vielmehr durchwandern wir abwechselnd Geraden und Kurven, machen Berg- und Talfahrten. Eine normale Entwicklung ähnelt dem Bild vom Labyrinth, aus dem man zu guter Letzt doch hindurch- und hinaustritt. Hier habe ich so ein Labyrinth. Der Kreis im Inneren symbolisiert deinen Startpunkt. Wenn du nun mit dem Finger oder einem Stift beginnst, die Mitte des Labyrinthes nach außen zu verlassen, wirst du einige interessante Aspekte erkennen können: Zum einen scheint es von der Mitte bis zum Ausgang aus dem Labyrinth nah und kurz zu sein – gerade einmal einen Zeichenstrich entfernt. Zum anderen: Wenn du dich aufgemacht hast, führt dich der Weg tatsächlich ein

Stück vom Ausgangspunkt weiter weg. Und dennoch führt er dich an manchen Stellen immer und immer wieder ganz nahe an ihn heran. Dann kann es dir so vorkommen, als wärst du wieder am Ausgangspunkt gelandet und zurückgefallen. Das ist aber nicht so. Wenn du begonnen hast aufzubrechen und deine Richtung beibehältst, wird dich dein Weg immer weiter und weiter führen. Auch deine Einstellung zum Leben und deine Wahrnehmung haben sich schon verändert. Du bist bereits auf dem Weg und längst nicht mehr am Ausgangspunkt. Dorthin wirst du auch nicht mehr zurückwollen.

Du kannst für dich anhand des Labyrinthes kurz selber überlegen, wo du dich aus deiner Sicht bei manchen deiner privaten und beruflichen Vorhaben im Moment befindest:

Die eigene Einschätzung kann sich durchaus von der Sichtweise anderer unterscheiden. Manchmal glaubst du, sehr viel weiter vorne zu sein, als dies Außenstehende sehen. Es kann auch das Gegenteil der Fall sein. Rückmeldungen anderer können deine Sichtweise korrigieren.

Deine Wegsuche darf und soll ja weitergehen. Dafür möchte ich dir nun die vierte der 10 Zielfragen anbieten. Bist du bereit? Dann bitte ich dich, wiederum Zettel und Stift zur Hand zu nehmen.

N: Leg los!

> **Die vierte Zielfrage**
>
> Was ist mir bisher in meinem Leben nicht gelungen?
> Was ist mir nur teilweise gelungen?
> Wo bin ich gescheitert?
> Hilfreich ist es wiederum, wenn du das, was dir dazu einfällt, auf der linken Seite des Blattes notierst.

Zeit für Notizen.

> Notiere nachfolgende Überlegungen nun wieder auf der rechten Blatthälfte neben dem, was dir nicht oder nur teilweise gelungen ist:
> Welche Mängel und Defizite lassen sich daraus ableiten?

Zeit für Notizen.

A: Diese Frage ist eine eher unangenehme. Keiner sammelt gerne seine Mängel und Schwächen – und das auch noch schriftlich! Bestimmte Ziele erfordern ein

bestimmtes fachliches, technisches oder sprachliches Können. Darunter werden eventuell Punkte sein, die auch auf deiner Defizit-Liste aufscheinen. Die Frage ist daher: Was wirst du noch erlernen und welche Schwächen verbessern? Einige wirst du mit Fleiß beheben können. Manche persönliche oder berufliche Ziele können dir Dinge abverlangen, die du vielleicht nicht erfüllen kannst.
Einer, der zum Beispiel nur mehr ein Bein hat, kann sich wünschen, dass er bei der Olympiade der Sieger des 100-Meter-Laufes wird. Da kann er noch so viel trainieren, die Möglichkeiten dazu fehlen ihm einfach. Er hat sie nicht. Deswegen wird er dieses gesteckte Ziel nie erreichen können. Es sei denn, er peilt diesen Sieg in der Behindertenolympiade an.

Nora, nochmals kurz zusammengefasst das Wichtigste zu den ersten vier Zielfragen: Sie machen dir deine größten Nöte und Wünsche und dein Können beziehungsweise deine Defizite klar bewusst. Wünsche und Können müssen zusammenpassen. Nur was du an erforderlichem Wissen und Fähigkeiten für deine Ziele abdecken kannst, ist auch erreichbar. Dein Können erkennst du am ehesten an dem, was dir bisher im Leben gut gelungen ist, und an den daraus resultierenden Fähigkeiten.

Eine derzeitige Schwäche muss keine solche bleiben. Im Gegenteil, du kannst aus ihr auch eine besondere Stärke machen, wenn das für dich ein Ziel sein sollte. Wir haben vorhin von der Behindertenolympiade gesprochen. Welche Ausnahmeleistungen Menschen oft nach Schicksalsschlägen oder Unfällen vollbringen und mit welch eisernem Willen sie ihre Ziele verfolgen, ist erstaunlich. Sie verwandeln ein Handicap in eine besondere Stärke. Aus der griechischen Geschichte kennen wir zum Beispiel Demosthenes. Er war ein Stotterer. Durch Überkompensation ist er zu einem der berühmtesten Redner Griechenlands geworden. Es ist ihm exzellent gelungen, aus einer Schwäche eine Stärke zu machen.

N: Ich muss aber nicht unbedingt eine besondere Schwäche von mir zu einer Stärke machen, wenn das für meine Ziele nicht von Bedeutung ist.

A: Stimmt. Das hängt ganz von deinen Zielen ab, die du erreichen willst. Der erste Blick richtet sich daher auf den linken Pfeil (siehe Grafik). Hier kommen noch weitere sechs Fragen auf dich zu, die dir bei der Beantwortung deiner Zielfragen behilflich sein werden. Einerseits wird dir die rechte Seite zeigen, welche deiner Ziele – im Moment – realistisch sind. Andererseits geht es darum, welches Wissen und welche Fähigkeiten du dir aneignen musst, um deine Ziele zu erreichen. Damit bleibt der rechte Pfeil das entscheidende Korrektiv und der Prüfstein für das, was du aus dir heraus erreichen kannst – von glücklichen Umständen und alternativen Möglichkeiten abgesehen.

N: So gesehen holt mich der rechte Pfeil auf den Boden der Tatsachen herunter. August, was meinst du mit Überkompensation?

A: Wenn du 50 000 Euro Schulden bei der Bank hast und du es schaffst, deinen Kontostand auf null zu bringen, ist das noch keineswegs überkompensiert. Überkompensiert ist es erst dann, wenn du es schaffst, 50 000 Euro Guthaben auf deinem Konto zu haben. Das habe ich vorhin gemeint: Überkompensiert hast du eine Schwäche dann, wenn du sie zu einer deiner Stärken verwandelt hast. Dieses Vorhaben sollte, wie gesagt, mit deinen Zielen oder Lebenszielen zusammenpassen.

Nun zu den nächsten Zielfragen:

Die fünfte Zielfrage

Welche Erfahrungen möchte ich in meinem Leben noch machen?
Welche Pläne und Vorhaben will ich unbedingt noch umsetzen?
Was möchte ich auf jeden Fall noch gesehen oder erlebt haben?

Zeit für Notizen.

Reihe deine Anliegen nach Wichtigkeit, indem du sie zum Beispiel durchnummerierst: „1“ ist dein wichtigstes „noch“ im Leben.

Zeit für Notizen.

A: Die nächste Zielfrage geht in eine andere Richtung:

> **Die sechste Zielfrage**
> Was würde sich in meinem Leben verändern, wenn ich doppelt so viel verdienen würde wie jetzt?

Zeit für Notizen.

> **Die siebente Zielfrage**
> Was würde sich in meinem Leben verändern, wenn ich eine Million Euro gewinnen oder erben würde?
> Was würde ich mit dem Gewinn oder Erbe tun?

Zeit für Notizen.

N: August, was tun andere mit so viel Geld? Verändert die Menge des Geldes deren Lebensziele?

A: Da gibt es Menschen, die sagen: Gar nichts würde sich verändern. Für sie sei Geld kein Thema. Andere hingegen beginnen bei dieser Frage förmlich zu sprudeln: „Da kann ich endlich meine Schulden zurückzahlen." Oder: „Ich kann mir den lang ersehnten Traum von der Weltreise erfüllen." Oder: „Ich kann mir nun das Nachbargrundstück dazukaufen und mein Haus

umbauen." Anderen hingegen fällt nichts Neues dazu ein. Für sie erweitert die Menge des Geldes nicht wesentlich die Möglichkeiten ihrer wirklichen Lebensziele: Schulden begleichen zu müssen ist für sie kein Problem. Die Weltreise ist nicht ihr sehnsüchtiges Ziel und ihr Grundstück und ihr Haus sind ihnen groß genug. Was diesen Menschen wichtig ist, könnte mit Geld nicht zu bekommen sein.
Anderen macht es jedoch die unerfüllten Wünsche bewusst.

Es kann sein,
dass dir eine gute Gelegenheit entgeht,
während du auf eine bessere wartest.

Sprichwort aus Russland

Die achte Zielfrage

Welche Personen aus meinem privaten, beruflichen oder öffentlichen Leben sind für mich bewundernswert?
Liste mindestens fünf Personen auf.

Zeit für Notizen.

Notiere zu den jeweiligen Personen, welche Eigenschaften du an ihnen besonders schätzt.

Zeit für Notizen.

N: Was ist der Hintergrund für diese Fragestellung hinsichtlich der Suche nach dem eigenen Ziel?

A: Menschen, die du bewunderst, sollst du dir deshalb bewusster anschauen, weil sie dir etwas über dich verraten. Du bewunderst das an ihnen, was du selber für wichtig und erstrebenswert hältst. Sie sind dir auf irgendeine Weise nachahmenswerte Vor-Bilder. Im Grunde hättest du gerne diese Eigenschaften selbst: dass du dich beispielsweise etwas traust, was die sich getraut haben; dass du etwas erreichst, was die für sich erreicht haben; oder dass du dich selbst für eine bestimmte Sache couragiert einsetzt, so wie die das für ihre Anliegen getan haben.

Solche wähle zu Begleitern
auf des Lebens Bahn,
die dein Herz und deinen Geist
erweitern.

Friedrich von Schiller

N: August, die Fragen von heute genügen mir. Vor allem ist es für mich wichtig, wieder mehr Zeit zum Nachdenken zu reservieren. Mir helfen neue Fragen wenig, wenn mein Tag ständig angefüllt ist mit alter Arbeit, alten Gewohnheiten und alten Gedanken. Der Alltag ist derzeit mein größter Gegner. Mir gibt natürlich mein altes, vertrautes Leben enorm viel Sicherheit, und es kostet mir weniger Überwindung und Kraft als mein neues. Etwas zu riskieren, das bin ich auch nicht mehr gewohnt. Manchmal denke ich mir: Was ist, wenn ich zu viel riskiere? Egal ob beruflich oder privat. Für mich trifft der altbekannte Spruch vom Spatz in der Hand und der Taube auf dem Dach vollends zu: Ich gebe mich lieber mit dem zufrieden, was ich habe, weil ich leider das Risiko sehr scheue. Und dann bin ich unzufrieden. Ich stehe da – mit der Sehsucht im Herzen und mit einem beruflichen und einem privaten Spatz in meinen Händen. Na, bravo!

Die Geschichte von der 5 Zentimeter breiten und 10 Meter langen Latte und den Seiltänzern

A: Ich möchte dir zum Riskieren eine kleine Geschichte erzählen. Ich habe einmal ein Seminar über Körpersprache beim berühmten Pantomimen Samy Molcho besucht, der weltweit Körpersprache lehrt. Und dieser Samy Molcho hat mir eine Geschichte geschenkt: Wenn du eine 5 Zentimeter breite und 10 Meter lange Latte auf den Boden legst, dann geht mit Sicherheit jeder über diese Latte darüber. Wenn du dieselbe Latte vom Dach eines Hauses zum Dach des nächsten Hauses legst, dann geht keiner mehr darüber. Was ist der Unterschied zwischen der Latte unten und oben? Unten darübergehen ist ganz einfach, ich kann nämlich danebensteigen. Wenn ich oben danebensteige, dann kann das sehr schmerzhaft sein beziehungsweise sogar tödlich. Dieses Beispiel kannte ich bereits. Davon habe ich noch nichts gelernt. Im Leben ist es manchmal so, dass man von einem Ufer zum nächsten will, und dazwischen ist ein schmaler Weg, über den man gehen muss. Ich muss etwas riskieren, wenn ich weiterkommen will. Jede Partnerentscheidung ist ein solches Risiko. Auch jede Berufsentscheidung ist ein solches Risiko. Und Kinder zu bekommen ist – unter Anführungszeichen – ein „Risiko". Was ist es nun, was mich Samy Molcho Neues über das Riskieren gelehrt hat? Samy Molcho ging zu den Seiltänzern und wollte wissen, wie sie lernen, mit einer solchen Situation umzugehen. Wie lernen Seiltänzer, über ein schmales Seil zu gehen und die Angst vor dem Hinunterfallen zu überwinden? Wie lernen sie also, etwas zu riskieren? Die Seiltänzer üben als Erstes das Hinunterfallen. Und zwar üben sie es so lange, bis sie – ganz egal, ob sie nach vorne, zurück oder seitwärts fallen – im Fallen immer noch das Seil ergreifen können. Das ist das Geheimnis! Sie wissen, dass sie fallen können. Sie wissen aber auch, dass sie nicht ganz hinunterfallen, sondern sich in letzter Sekunde immer wieder am Seil festhalten können. Erst dann, wenn sie es beherrschen, dass sie in letzter Sekunde immer wieder das Seil ergreifen, erst dann wagen sie es, über das Seil zu gehen.

Mich lehrt die Geschichte, dass du erstens im Leben mehr und eher etwas riskierst, wenn du Alternativen hast. Wenn du zum Beispiel aus Möglichkeiten mit unterschiedlich hohem Risiko auswählen kannst. Und zweitens: Du wirst weniger oder nichts riskieren, wenn du das Gefühl hast, im Falle deines Scheiterns zu viel zu verlieren oder ins Bodenlose zu stürzen. Für das Riskieren ist es daher wichtig, dass du das Gefühl hast: Es gibt ein Leben „danach".

Im schlimmsten Fall
kommt nicht das Nichts.
Es gibt auch ein Leben „danach"!
Das ist ein wichtiges Gefühl,
um Risiken einzugehen.

Dazu noch ein weiteres Beispiel: Als unser jüngster Sohn Manuel einen Segelkurs besuchte, fuhr er bei der ersten Ausfahrt etwa 500 Meter auf das offene Meer hinaus. Plötzlich brachte der Segellehrer das Boot zum Kentern. Alle sind über Bord gegangen und ins Meer gefallen. Die Segelschüler hatten als Erstes gelernt, wie man ein gekentertes Boot wieder aufrichtet und wie man wieder ins Boot kommt. Damit haben sie das Schlimmste geübt, was einem Segler geschehen kann. Die größte Angst war damit besiegt. Es geht darum, mehr zu riskieren im Leben, um weiterzukommen. Wer segeln möchte und nichts riskiert, ist in Gefahr, mit seiner Schwimmweste am Steg sitzen zu bleiben und anderen zuschauen zu müssen, wie sie ihre Segel setzen. Erinnere dich an deinen eigenen Text. Jeder kennt das: Ich komme nicht weiter. Menschen mit großen unerfüllten Wünschen spüren den Schmerz auf ihrer Seele. Wenn diese unerfüllten Wünsche dann zu sehr schmerzen, gehen sie zu vertrauten Menschen, um sich ausreden zu können. Danach geht es ihnen wieder ein bisschen besser. Nach einer gewissen Zeit geht es ihnen dann wieder ein bisschen schlechter. Ein solcher Kreislauf kann Jahre oder gar Jahrzehnte andauern: Du wünschst dir etwas, fürchtest dich jedoch vor neuen Schritten. Du trauerst darüber, dass du nichts riskierst, und sprichst mit jemandem über deinen Frust. Danach

geht es dir etwas besser. Irgendwann wird dein uneingelöster Wunsch wieder lebendig und du wünschst dir etwas.
Wenn ich das Riskieren lernen will, muss ich mich mit dem Fallen beschäftigen: Was ist das tatsächlich Schlimmste, was passieren kann, wenn ...? Was ist aber auch das Gute, das damit passieren kann? Es ist gut, seine Vorhaben und Wünsche auf ihre Konsequenzen hin konkret durchzudenken. Das hilft, die tatsächlich damit verbundenen Risiken besser einzuschätzen. Am besten besprichst du diese Überlegungen mit einer dir vertrauten oder fachlich kompetenten Person. So wie wir beide jetzt über deine Ziele, Wünsche, Ängste und Sorgen sprechen. Nichtbetroffene und Kompetente haben einen anderen Blick auf die Situation als du selbst. Dann kann man schauen, was die Konsequenzen sind und was daran das Schlimmste wäre. Man kann überlegen, welche Alternativen es gibt oder ob ein stufenweises Vorgehen möglich ist.
Manchmal kann das Scheitern ein gutes Ergebnis und eine wichtige Erkenntnis sein: Jetzt ist es heraus! Nun weiß ich es. Jetzt kann ich etwas endlich ruhen lassen. Jetzt ist es stimmig – jetzt stimmt es. In einem Ende lebt auch die Möglichkeit für einen neuen Anfang. Ein Ende macht auch frei. Manchmal ist etwas gut, wenn es zu Ende ist. Und plötzlich findest du neue Möglichkeiten vor. Aber eben erst, wenn das andere zu Ende ist.

Wenn sich eine Tür des Glücks schließt,
öffnet sich eine andere;
doch oft schauen wir so lange
auf die geschlossene Tür,
dass wir die andere nicht sehen,
die für uns geöffnet wurde.

Helen Keller

Wer es bei der „Angstwolke" belässt, wer seine Wünsche und Risiken nicht durchdenkt und wer keine Alternativen für den Fall des Scheiterns sieht, hat es schwer, sich zu ändern und loszulassen. Wer glaubt, dass es für ihn kein sinnvolles Leben „danach" gibt, will im bisherigen Leben verbleiben.

Ein Risiko bleibt ein Risiko. Ich muss daher für mich selber entscheiden. Ich darf mir von niemandem einreden lassen, ob und wie viel Risiko ich eingehen will. Das ist ganz wichtig! Ich muss schließlich mit dem Ergebnis leben, das am Ende herauskommt. Umgekehrt habe ich auch mit der Entscheidung zu leben, wenn ich etwas nicht riskiert habe. Ich möchte hier an die Befragung unter den 95-Jährigen erinnern: Sie würden mehr riskieren, wenn sie nochmals leben könnten.

Wer Risiken scheut, sollte seine diffuse „Angstwolke" vertreiben, indem er mit Risiken durch-dacht umgeht. Ziel muss es sein, unnötige Risiken zu vermeiden und möglichst viel an Sicherheit zu schaffen. Ein Restrisiko bleibt immer. Das ist ein Teil des Lebens. Von Thomas Bubendorfer, einem österreichischen Extrembergsteiger, habe ich ein Beispiel, wie er als Freikletterer es lernt, etwas zu riskieren, ohne sein Leben zu gefährden. Beim Klettern beachtet er den so genannten „Drei-Punkt-Griff". Das heißt, er sichert sich an drei Punkten ab, zum Beispiel mit zwei Beinen und einer Hand. Mit dem vierten Punkt, der zweiten Hand, riskiert er die Suche nach einem neuen Halt. Er schaut also beim Riskieren besonders auf das, was ihn während dieser Suche nach dem nächsten Griff ausreichend stabil hält. Übersetzt auf das Leben könnte das heißen: Ich traue mir eher einen neuen Griff und Schritt zu, wenn ich während dieser Suche so viel an Sicherheit verspüre, dass ich nicht die Angst habe, damit meinen gesamten Halt zu verlieren oder gar nach unten zu stürzen. Was mir diese Sicherheit vermittelt, wird individuell und von Fall zu Fall ganz verschieden sein.

N: Danke! Deine Überlegungen zum Riskieren habe ich jetzt noch gut gebrauchen können.

Es ist nicht gesagt,
dass es besser wird,
wenn es anders wird.
Aber es muss anders werden,
soll es besser werden.

Ich komme schrittweise voran

A: Nora, wie geht es dir?

N: Gut. Mittlerweile beschäftige ich mich intensiver mit den Zielfragen. Es bleibt mir ohnehin im Leben nichts anderes übrig, als mich auch fragen zu müssen: Was will ich wirklich? Und wenn ich weiß, was ich will: Wo stecke ich fest? Womit muss ich mich daher beschäftigen? Je früher ich diese Fragen angehe, desto eher komme ich auf meinem Weg voran.
Hilfreich ist mir der Gedanke, Risiken nicht von vornherein zu meiden, sondern sie durchzudenken: Was ist in einer bestimmten Sache das Risiko? Was wäre das Schlimmste, was tatsächlich passieren könnte? Ich stelle mir aber umgekehrt auch die Frage: Was passiert, wenn nichts passiert? Wenn ich nichts tue? Wenn sich nichts verändern würde an dem, wie es jetzt läuft? Mir fällt manchmal zu wenig auf, dass mein Nicht-Entscheiden ebenso problematisch ist und ein großes Risiko darstellt.

August, deine Fragen und unsere Gespräche haben meine Denkweise neu angekurbelt. Ich bin weiterhin nicht schneller in meinen tatsächlichen Veränderungen geworden. Meine Seele braucht ihre Zeit. Dass man im Herzen und in der Seele nicht schneller ist und dass alles seine Zeit braucht, habe ich als eine für mich wichtige Entlastung empfunden. Auch das Bild vom Labyrinth ist mir eine gute innere Orientierungshilfe. Ich bin zwar langsam, aber stetig unterwegs in Richtung nach draußen. Und in meine alte Ausgangssituation, in den Kern des Labyrinthes, werde und will ich nicht mehr zurückkehren. Dafür habe ich mich schon zu sehr verändert.

August, ich würde heute von dir gerne die weiteren Fragen erfahren.

A: Gerne. Wir kommen nun zur neunten und damit vorletzten Zielfrage, bevor ich dir die zehnte und entscheidende Zielfrage, die so genannte „Lebenszielfrage", stelle. Letztlich sind die ersten neun Zielfragen eine innere Vorbereitung auf die zehnte und wesentlichste Frage für die Ausrichtung deines Lebensweges. Was es mit Lebenszielen im Vergleich zu Zielen auf sich hat, werden wir heute ebenso besprechen. Dazu dann später.

Die neunte Zielfrage

Was sind die wichtigsten Eigenschaften meiner Eltern, meiner Großeltern, meiner Geschwister sowie meiner beziehungsweise deren Kinder?
Welche typischen Charaktereigenschaften, Erfolge, Misserfolge oder besondere Krankheiten fallen mir zu den verschiedenen Personen ein?

Zeit für Notizen.

A: Ich halte es für sehr lohnenswert, diese Frage für jeden der genannten Angehörigen genauer zu durchleuchten und nicht nur auf die Eltern zu schauen. Dein

Wachsen, Werden und Sein ist unmittelbar mit deinen Wurzeln verbunden: Die Eigenschaften und Eigen-Art der Eltern, Großeltern und so weiter sind ein wichtiger Teil von dir und in dir. Deren Fähigkeiten sind in dir unterschiedlich ausgeprägt: Ein Freund von mir ist Bildhauer. Er arbeitet vorwiegend mit Granit. Sein Lehrer hat sich in der Ausbildungszeit darüber gewundert, dass er bis zum 50. Stein, den er bearbeitet hatte, keinen einzigen Fehler machte. Mein Freund konnte die Steine bearbeiten, als wäre er bereits ein vollausgebildeter Steinmetz, obwohl er das bis dahin nie bei jemandem erlernt hatte. Sehr viel später hat mein Freund erfahren, dass sein Großvater von Beruf Steinmetz war. Solches Wissen zum Beispiel wird unbewusst über Generationen weitergegeben. Wir erben sehr viel mehr von unseren Ahnen, als wir zumeist erahnen und wahrhaben wollen. Gar nicht so selten sagt jemand zu uns: „Du reagierst genau wie dein Vater oder deine Mutter!" Manchmal freuen wir uns über eine solche Rückmeldung. Und in gewissen Punkten wollen wir dies gar nicht so recht glauben.

In uns steckt sehr viel mehr von unseren Ahnen, als wir er-ahnen und uns lieb ist.

A: Ich erbe nicht nur die Talente meiner Vorfahren. Ich erbe von ihnen manchmal auch ihre Schattenseiten und Ungelöstes. Damit gut umzugehen heißt, die Realität meiner Herkunft anzunehmen und ernst zu nehmen. Eine ganz große Lernaufgabe besteht für mich als Erbe darin, auch jene Eigenschaften in mich zu integrieren, in denen mein Vater und meine Mutter sehr unterschiedlich gewesen sind. Mein eigenes widersprüchliches oder gar zwiespältiges Verhalten in bestimmten Zusammenhängen kann darin seine Ursache haben. Es kann sich lohnen, dort den Eigenschaften meiner Eltern genauer auf den Grund zu gehen, wo ich mich hin und her gerissen fühle. Derartige Nachforschungen haben schon überraschende Erkenntnisse zu Tage gebracht.

Wenn es um Lebensziele geht, spielen die Berufswahl, die Übernahme von Haus oder Hof und die Frage der Nachfolge in „elterliche Fußstapfen" eine ganz wesentliche Rolle. Daher ist es wichtig, bei der Wahl des eigenen Weges darauf zu achten, was mir – als Nachkommen dieser Familie – entspricht und durchaus Teil meines zukünftigen Lebens sein darf und soll. Schließlich sind meine Talente auch das ererbte Potenzial für meine Erfolge. Aus diesem Grund kann und darf es auch sein, dass du als Kind den gleichen oder einen ähnlichen Beruf ergreifst wie ein Elternteil. Es kann aber auch stimmig sein, die in dir „kombinierten" Eigenschaften beider Elternteile in anderen oder neuen Berufsfeldern erfolgreich einzusetzen. In dir ist eben mehr als ein Vorfahre! Im Gegenteil: Als deren Nachkomme besitzt du in dir eine völlig neue „Mischung" von Eigenschaften, die es zuvor nicht gegeben hat. Dieses Neue kann daher nicht einseitig beantwortet werden mit Sätzen wie: „Du musst als Junge oder Mädchen werden, was schon dein Vater oder deine Mutter sind."

In diesem Zusammenhang möchte ich auf eine besondere Gefahr hinweisen: Achte darauf, keine unerfüllten Lebensziele deiner Eltern oder anderer Vorfahren zu erfüllen! Mein Großvater hat mir damals eingeimpft, dass ich unbedingt in die Politik gehen sollte. Ich hätte damit seinen nicht erfüllten Traum für ihn erfüllt. Es ist aber nicht meine Lebensaufgabe, sondern der unerfüllte Traum meines Großvaters. Meine Mutter hatte den tiefen Wunsch, Lehrerin zu werden. Nachdem jedoch ihr Bruder, der als Nachfolger für den elterlichen Betrieb vorgesehen war, im Krieg gefallen war, musste meine Mutter diesen Betrieb selbst übernehmen. Ihr Wunsch, Lehrerin zu werden, hatte sich nicht erfüllt. Sie hat uns Kindern immer wieder davon erzählt, wie toll es ist, Lehrer zu sein. Wir Kinder sind tatsächlich auch alle Lehrende geworden. Das Grundtalent meiner Mutter, das Lehren und die Freude am Lehren, haben wir von ihr geerbt und erfolgreich umgesetzt. Mir wäre sogar ein Universitätslehrstuhl in Aussicht gestanden. Dennoch bin ich kein Schullehrer oder Universitätslehrender geworden, wie das – ganz im Sinne meiner Mutter – meine eingeschlagene Laufbahn angedeutet hatte. An jenem Tag, als ich erkannte, dass ich mit dieser Art des Lehrens dem Wunsch meiner Mutter entspreche, aber dieser Weg nicht mein Weg ist, hatte ich an der Universität gekündigt und begonnen, mein eigenes Leben zu leben.

Achte darauf,
keinesfalls die unerfüllten Lebensziele
deiner Eltern oder anderer Vorfahren
zu erfüllen!

N: Als du mir vorhin den Auftrag gegeben hast, meine Ahnen, Eltern, Verwandten und Geschwister aufzuschreiben und ihnen deren Eigenschaften und dergleichen zuzuordnen, ist mir auf den ersten Blick gar nicht so sehr bewusst gewesen, wie viel das mit meinem Leben zu tun haben kann. Dem möchte ich in jedem Fall in nächster Zeit intensiver nachgehen. Deine Überlegungen hinsichtlich der unerfüllten Wünsche meiner Eltern sind für mich vermutlich ein Thema, dem ich mich stellen muss. Ich bin und bleibe ein Kind meiner Eltern. An dieser Tatsache schlucke ich manchmal. Als entlastend empfinde ich, dass ich als „neue Mischung" auch meinen eigenen Weg habe. Ich bin keine „Lebensverlängerung" meiner Mutter oder meines Vaters.

August, noch etwas anderes: Du hast bei unserem letzten Gespräch von Thomas Bubendorfer dieses hilfreiche Bild vom „Drei-Punkt-Griff" gebracht, in dem es um das richtige Verhältnis von Risiko und Sicherheit für die nächsten Schritte ging. Solche Bilder helfen mir, weil sie nachvollziehbar und einprägsam sind. Hast du noch andere auf Lager, die für Ziele hilfreich sind?

A: Was habe ich von Bubendorfer noch über Ziele gelernt? Bubendorfer besteigt in kürzester Zeit ohne Absicherung steilste, zum Teil überhängende Wände. Dabei sind für ihn zwei Dinge wichtig: Das ist das Ziel und das ist der nächste Griff beziehungsweise der nächste Schritt. Das Ziel ist bei ihm relativ klar: Er will in kürzester Zeit eine Wand durchklettern und oben heil ankommen. Um das zu gewährleisten, wählt er dafür folgende Strategie: Die Route wird vom Zielpunkt aus rückwärts geplant! Er findet nämlich sonst

nicht den idealen Einstiegspunkt. Er muss wissen, wo er in die Wand einsteigen muss, um sicher an das Ziel zu gelangen. Der Einstieg bestimmt den weiteren Weg und den Ort, wo du ankommst. So wie ich anfange, gehen die Dinge zu Ende. „Wenn ich dann in der Wand bin", sagt Bubendorfer, „zählt nur mehr eines: Das ist der nächste Griff und der nächste Schritt. Diesem nächsten Griff, diesem nächsten Schritt gilt meine volle Aufmerksamkeit." Und so klettert Bubendorfer Griff für Griff, bis er an seinem Ziel angekommen ist.
Für mich lassen sich diese Überlegungen allgemein sehr gut auf das Verfolgen von Zielen im Leben übertragen:
Es ist erstens wichtig, seine Wege insgesamt von seinen obersten – also den wichtigsten – Wünschen und Zielen her zu planen. Ich will ja bei ihnen „oben" ankommen und nicht irgendwo in der „Mitte" enden, wo der Weg nicht weitergeführt werden kann und ich dann viele Um- und Rückwege in Kauf nehmen muss. Von meinen wichtigsten Wünschen und Zielen ausgehend lässt sich am besten planen, welche meiner derzeitigen Vorhaben und Ideen mich wahrscheinlich ihnen näher bringen und welche eher nicht.
Das Zweite ist die volle Konzentration auf den nächsten Griff und Schritt. Mit meinen täglichen Schritten und Handgriffen verfolge ich meine Ziele. Und deren Prüfung ist letztlich einfach: Der nächste Griff und der nächste Schritt führen mich entweder näher hin zu meinen Wünschen und Zielen oder sie tun es nicht. Dann bin ich gefordert, mich zu entscheiden.

N: Der tägliche nächste Griff und der nächste Schritt führen mich entweder näher hin zu meinen Wünschen und Zielen oder sie tun es nicht: Das ist eine sehr klare

Aussage. Die beschäftigt mich im Moment. Ich soll mich bei täglichen Vorhaben immer wieder fragen, ob sie mich meinen wirklichen Wünschen und Zielen näher bringen oder nicht?

A: In der fernöstlichen Mystik gilt der Spruch: „Der Weg ist das Ziel!" Die Originalübersetzung dieses Spruches lautet: „Eine Weg und Ziel!" Mache „eins" aus Weg und Ziel! Dein Weg und jeder seiner Schritte sind bereits das Ziel! Wo soll er auch sonst hinführen? Die Summe deiner Schritte ergibt dann dein Gesamtziel, dein Lebensziel. Hier hast du eine unmittelbare Verbindung zwischen Zielen und Lebenszielen. Die Schritte deiner kleineren Ziele sollten sich auf ein Gesamtziel hin orientieren – auf ein Lebensziel.
Ich möchte dir dazu von einer Übung erzählen, die wir, eine Teilnehmergruppe in einem Bioenergetikseminar, machen durften. Der erste Teil der Übung lautete: „Euer Ziel ist es, einen Baum in etwa 200 Meter Entfernung zu erreichen." Wir liefen los und hatten den Baum schnell erreicht. Kaum waren wir beim Baum angelangt, suchten wir – äußerlich und innerlich rastlos – nach dem nächsten Ziel und baten um die nächste Aufgabe. Wir waren doch schließlich fertig. Über die Zielerreichung selbst konnten wir uns gar nicht recht freuen. Das Ziel war schnell erreicht und die Aufgabe erschien uns leicht.
Der zweite Teil der Übung lautete: „Geht wieder zurück zum Ausgangspunkt der vorherigen Übung. Ziel ist es wieder, den in 200 Meter Entfernung stehenden Baum zu erreichen." Dieses Mal jedoch sollten wir jeden Schritt bewusst gehen. Ganz langsam das Bein heben und einen Schritt gehen und dabei innerlich sagen: „Ziel erreicht!" Und das nächste Bein langsam heben,

einen Schritt tun und wieder sagen: „Ziel erreicht!" So wurde das Ziel zum Schritt und der Schritt zum Ziel. Bei jedem Schritt hatten wir ein kleines Ziel erreicht. Zielerreichung heißt ja Erfolg. Wir hatten einen kleinen Erfolg errungen und bis zum Erreichen des Baumes waren es viele kleine Erfolge. Nach zirka zwei Stunden hatten wir den Baum erreicht. Wir lagen vor Freude unter dem Baum. Wir hatten endlich das Ziel erreicht und dabei jeden einzelnen Schritt bewusst gemacht und genossen! Erst in diesem Moment wurde uns der Unterschied zum ersten Übungsteil bewusst. Mir selber wurde bewusst, wie oft ich von Ziel zu Ziel gehetzt bin, ohne ein einziges Mal den Weg und die Zielerreichung zu genießen und zu feiern.

> Mache eins aus Weg und Ziel!

N: Man ist immer zu schnell. Im Kopf ist man oft schon beim nächsten Vorhaben. Von dem bin ich ja noch meilenweit entfernt, den einzelnen Schritt so bewusst zu setzen und ihn als Schritt zum Ziel zu sehen. Danke, eine tolle Übung! Wenn ich heute Abend noch eine Runde spazieren gehe, möchte ich versuchen, wenigstens 100 Meter so bewusst zu gehen. Das ist eine einfache, aber wirkungsvolle Übung, wie mir scheint.

August, ich habe eine weitere Frage. Soll oder muss ich meine Ziele, die ich anstrebe, schriftlich festhalten? Oder genügt es, dass man sie im Kopf weiß?

A: Schriftlichkeit ist keine Voraussetzung für das Erreichen deiner Ziele. Sie hat aber Vorteile, die dich

nochmals anders herausfordern: Wenn du ein Ziel formulierst, wird dein Ziel zumeist klarer – vor allem in den Details. Das Ziel, das du aufgeschrieben hast, wird dir stärker bewusst als eines im Kopf. Wichtige Verträge im Leben sind fast immer schriftlich. Warum sollten nicht auch deine Ziele und deine Lebensziele schriftlich festgehalten werden – als Vertrag mit dir selbst zum Beispiel. Es geht um nichts Geringeres als um dich und dein Leben!
Entscheidend ist, dass du deine Ziele möglichst konkret und psychologisch richtig formulierst. Sonst entsteht ein fataler Effekt. Ich erkläre dir gleich noch, was ich damit meine. Zum Ersten: Formuliere klare Ziele!

- Beschreibe deine Ziele präzise.
- Formuliere sie so, dass sie dich motivieren und deinen inneren „Motor" in Schwung bringen. Im Idealfall macht es dir richtig Lust, sie zu erreichen.
- Ziele sollten kein schlechtes Gewissen verursachen und keine moralisierende Hintergrundmusik mitliefern – außer du hast ein Scheinziel formuliert.
- Gesteckte Ziele müssen erreichbar sein, sonst ist die Frustration vorprogrammiert. Sie dürfen dich aber auch nicht unterfordern, sonst fehlt die nötige Lust und Motivation, sie erreichen zu wollen.
- Formuliere Ziele in der Gegenwartsform – so, als wären sie bereits erreicht. Mache „eins" aus Weg und Ziel!
- Ziele sollen positiv sein, das heißt: Sie sollen keine Verneinungen beinhalten oder ein Wort wie „weniger". Zudem muss die Zielerreichung für dich befriedigend sein. Du spürst dabei ein Gefühl der inneren Freude wie: „Endlich habe ich es geschafft, dass ...!"
- Definiere deine Ziele mit einem Datum. „Bis zum ...

habe ich mein Ziel erreicht. Mein erster Schritt zum Ziel ist folgende Maßnahme: ..."

- Eine wichtige Frage ist: Woran merke ich, dass ich mein Ziel erreicht habe? Was wird sich dann verändert haben?

Beispiele: Das Ziel „Ich werde abnehmen!" ist nicht klar. Das ist kein Ziel. „Ich werde am 31.12. dieses Jahres 72 Kilogramm wiegen", ist ein klares Ziel. 73 Kilogramm bedeutet: Das Ziel ist nicht erreicht. Das Ziel „Ich werde abnehmen!" ist auch fatal in seiner Formulierung. Du nimmst zuerst ab und musst dann wieder zunehmen, damit du wieder abnehmen kannst. Du hast damit den Jo-Jo-Effekt in deiner Zielerreichung selbst eingebaut. Ziele müssen erreichbar sein. Ziele sollten in der Gegenwart formuliert werden – so, als würdest du sie bereits jetzt erleben. Zum Beispiel formulierte ein Freund von mir: „Ich sitze auf der Bank vor meinem eigenen Wochenendhäuschen in Norditalien. Meine Enkelkinder sind zu Besuch und spielen im Sandkasten. In der Garage steht ein Geländewagen, mit dem ich zur Jagd fahre ..." Ein Ziel sollte positiv sein: „Ich höre mit dem Rauchen auf!", ist kein Ziel. Rauchen macht einem Raucher Spaß! Besser wäre es, zu formulieren: „Ich will mit 70 Jahren körperlich so vital sein, dass ich bis zum vierten Stockwerk eines Hauses in zügigem Tempo und ohne Pause gehen kann. Dabei bleibt meine Pulsfrequenz unter 135 Schläge pro Minute." Achte auch darauf, dass du deine Ziele unter eigener Kontrolle erreichen kannst.

N: Sehr konkrete und praktische Tipps. Danke! August, es fehlt mir noch die zehnte Zielfrage. Du hast gesagt, die ersten neun bereiten auf diese letzte Zielfrage vor.

A: Stimmt. Es gibt eine endgültige Zielfrage, die so genannte „Lebenszielfrage", die sich jeder einmal – besser öfter – stellen sollte:

Die zehnte Zielfrage – die „Lebenszielfrage"

Denke vor zu jenem Zeitpunkt, an dem du 75 Jahre alt sein wirst.
Vielleicht genügen auch 60 Jahre, auf jeden Fall sollte es wesentlich älter sein, als du jetzt bist.
Stell dir vor, du bist 75 Jahre alt und blickst auf dein Leben zurück.
Schreib dir selbst aus dem Jahr, in dem du 75 Jahre alt bist, einen Brief, und gib dir Antworten auf folgende Fragen:
Worüber freue ich mich jetzt mit 75 Jahren?
Wofür möchte ich mit 75 Jahren anerkannt sein?
Und zwar für welche Leistungen und von wem?
Was möchte ich gerne überkompensiert haben – also, aus welcher Schwäche hätte ich gerne eine Stärke entwickelt?
Nimm erstens dabei Bezug auf deine beruflichen, deine persönlichen und deine partnerschaftlichen Ziele.
Zweitens: Stimme deine Ziele mit jenen Personen ab, die dir wichtig sind.
Drittens: Lies deinen Brief in regelmäßigen Abständen durch, beispielsweise zu deinem Geburtstag oder zum Jahreswechsel.

A: Nora, ich möchte dir das Schreiben des Briefes als Aufgabe für zu Hause mitgeben. Du wirst für diesen Brief ausreichend Zeit und Ruhe brauchen. Erfahrungsgemäß sind dafür ein bis zwei Stunden Zeit einzuplanen.

Ich möchte dir jetzt eine kleine innere Übung, eine Meditation, anbieten, die dich auf diese Aufgabe einstimmen kann. Gute 20 Minuten würden wir dafür benötigen. Möchtest du diese Übung versuchen? Und hast du noch Fragen, die dich im Moment sehr beschäftigen? Die könnten wir ja noch davor besprechen, wenn das für dich wichtig ist.

N: Ich habe keine Fragen. Mich jetzt für einen Moment innerlich zurückzulehnen, das will ich gerne genießen.

A: Bitte sehr! Setz dich bequem auf den Stuhl, du kannst dich aber auch gerne mit einer Decke auf den Boden legen. Du sollst dich in jedem Fall dabei gut entspannen können ... (... = kleine Pause). Vielleicht magst du die Augen langsam schließen ... Du spürst, wie du langsam ruhiger und entspannter wirst ... Du hörst und spürst deinen Atem, wie er gleichmäßig fließt, wie er kommt und geht ... ein und aus ... Du atmest ruhig und gleichmäßig ... Du genießt einfach die Ruhe in dir und um dich herum ...
Ich möchte dich nun – mit einem „Gong" meiner Klangschale – auf eine kleine innere Reise mitnehmen, auf eine Reise in die Zukunft und eine Begegnung:

Begegnung mit der alten Person

Diese Meditation finden Sie auf der CD „Lebensziele finden"

„Gong" ...
Erinnere dich an einen Raum, in dem es warm war ...
Draußen ist es kalt ...
Und im Raum brennt ein Feuer im Ofen ...
Und draußen sind kalter Winter und Frost ...
Und die Sonne spiegelt sich in Millionen feiner Eiskristalle am Fenster und im Raum brennt ein Feuer im Ofen ...
Und du stehst und spürst deinen Atem kommen und gehen ...
wie er kommt und geht ...
Und du nimmst den Boden unter den Füßen wahr und wie du auf ihm stehst ...
Und du siehst am Fenster Eisblumen ...
Und du trittst näher und staunst ...
Und betrachtest voller Staunen die feinen Kristalle mit fein verzweigten Mustern ...
Und bist ganz versunken in dein Staunen mit halb offenem Mund, und du kommst immer näher ...
Und der Atem kommt und geht, wie er kommt und geht, durch deinen halb geöffneten Mund ... ein und aus ...
So kommt der Atem und geht wieder ...
Und während du ausatmest, strömt dein Atem an die Eisblume, und du siehst, wie die feinen harten Kristalle anfangen zu schmelzen ...
Und du staunst ...
Die scharfen Konturen werden weich ...
Wassertropfen bilden sich ...

Und mit jedem Hauch ...
wird das Bild weicher ...
während du staunst ...
Und das Eis schmilzt ...
Und du staunst und das Eis schmilzt immer mehr ...
Und du siehst ein Loch in der Eisblume ...
Und du kommst noch ein wenig näher ...
Und du nimmst die Strukturen wahr, die die scharfen Kristalle bilden ...
Und du siehst das Loch, das du in deinem Staunen in das Eis geschmolzen hast ...
Und du kommst noch näher ...
Und du siehst durch das Loch wie durch ein Schlüsselloch ...
Und du siehst und staunst ...
Und du siehst die alte Person, die du einmal sein wirst,
viele Jahre später ...
Und du siehst die alte Person dort sitzen oder liegen,
in ihrer gewohnten Umgebung ...
Und du kannst sehen, wie die alte Person ihren Alltag lebt ...
Und jetzt sieh, wie die alte Person ihren Kaffee kocht oder ihren Tee,
wie die Möbel im Raum verteilt sind ...
und wo die Bücher stehen ...
Und dann nimm wahr, wie ein Klingelzeichen ertönt ...
und wie die alte Person, die du einmal sein wirst, aufhorcht ...
zur Tür geht und sie öffnet ...
Und sie sieht, wie du draußen stehst, in deinem heutigen Alter ...

Und du siehst, wie die alte Person dich begrüßt
und dich hereinbittet ...
wie sie dir einen Platz anbietet ...
und wie du dich hinsetzt ...
aufrecht und – so gut du kannst – entspannt ...
mit beiden Füßen auf dem Boden ...
Und du lässt den Atem kommen und gehen, so
wie er kommt und geht ...
in seinem eigenen Rhythmus ...
Und du siehst die alte Person, wie auch sie sich
hinsetzt,
aufrecht und – so gut sie kann – entspannt ...
mit beiden Füßen auf dem Boden ...
Und da sitzt ihr beide und atmet zusammen ...
jeder in seinem Rhythmus ...
ein und aus ...
wie die Wellen des Meeres, die sich aufbauen
und dann wieder zusammenfallen und eine
Weile brauchen, um sich neu zu sammeln ...
Und dann hör zu, wie die alte Person, die du
einmal sein wirst,
dich, die du heute bist ...
fragt, was sie für dich tun kann ...
Und hör, wie du der alten Person deine
wichtigste Frage stellst, die du heute hast ...
Und vielleicht muss die alte Person eine
Gegenfrage stellen,
damit deine Frage deutlicher wird ...
Und vielleicht wird sich ein Gespräch entwickeln
zwischen euch beiden ...
Und du schaust durch das Loch in der Eisblume
und hörst genau zu,
was die alte Person, die du einmal sein wirst,
dir, die du heute bist, zu sagen hat ...
(... Gönne dir zirka 5 Minuten Stille. Gib dem

Gespräch, den Bildern und Stimmen, die dir hier kommen, einfach Raum ...)

Nun ist die Zeit für das Gespräch vorbei ...
Und du erinnerst dich, wie du vor einem Loch in einer Eisblume stehst,
spürst deinen Atem, wie er kommt und geht, ein und aus ...
Das Bild von der alten Person, die du einmal sein wirst, wird schwächer ...
Du verabschiedest dich von ihr und siehst ihr noch eine Zeit lang nach,
bis das Bild ganz verblasst ...
Langsam spürst du wieder deutlicher,
wie du hier sitzt oder liegst ...
und du deinen Atem kommen und gehen lässt
in seinem eigenen Rhythmus ...
ein und aus ...
Du spürst, wie er kommt und geht ...
und nimmst wahr, wie du durch das Loch in der Eisblume siehst ...
und staunst ...
Und lass deinen Atem kommen ...
durch den halb geöffneten Mund ...
Spür, wie er kommt und geht ...
ein und aus ...
Nimm wahr, wie der Boden dich trägt ...
Folge noch einmal deinem Atem,
wie er dich füllt und dann wieder verlässt ...
Und nimm noch ein paar Züge deines Atems wahr,
wie er kommt und geht ...
Und öffne mit dem „Gong" deine Augen
und kehre wieder hierher zurück ...

N: August, diese Reise war für mich voll interessanter Bilder! Danke! Interessant ist, was mir zu deinen Impulsen immer wieder eingefallen ist. Sich selbst als alten Menschen vorzustellen und mit sich zu reden, das war für mich schon sehr aufregend.

A: Fantasiereisen wie diese eben haben eine enorme innere Kraft. Da werden in einem viele Kräfte wach. Es arbeitet ja auch die Werbung mit solchen Bilderreisen. Man sollte die Kraft der Fantasie und der Intuition für die eigenen Ziele viel mehr nützen!

Ich denke an mein Ende

A: Nora, du bist wieder hier. Das freut mich sehr! Wenn du kommst, weiß ich, dass du wieder eine weitere Etappe gegangen bist. Klasse!

N: Ich habe mich in den vergangenen Wochen hingesetzt und mir selber einen Brief aus der Zukunft geschrieben. Dabei sind mir meine eigenen Themen und Anliegen irgendwie gebündelter, kompakter bewusst geworden. Es war durchaus so, dass ich mit dem Schreiben des Briefes deshalb wenig Schwierigkeiten hatte, weil ich die neun Zielfragen davor bearbeitet hatte. Die wichtigsten Ergebnisse aus den neun Fragen finden sich in diesem Brief wieder. Ein paar andere sind noch dazugekommen. Spannend war, welche Menschen ich mit 75 Jahren um mich sah und um mich haben wollte. Da müssten manche sehr, sehr alt werden, weil ich sie im hohen Alter noch immer brauchen will. Schon jetzt bringt mir der Brief etwas: Ich habe nun bewusster in mir gegenwärtig, ob das, wie ich jetzt lebe, auch das Leben ist, das ich führen will. Ob die Grund-Richtung stimmt, auf die ich mich letztlich hinbewegen möchte.

A: Deine Wege und Schritte sollten mit deinen großen, übergeordneten Zielen, die du im Leben erreichen möchtest, möglichst verbunden sein. Den Brief aus der Zukunft als Prüfstein für deinen Weg und Schritt in der Gegenwart herzunehmen, das halte ich für mutig und richtig. Ich möchte dir noch etwas von den 95-Jährigen erzählen, von denen wir schon einmal gesprochen haben. Du erinnerst dich vielleicht:

- Das Erste, was sie bei einem nochmaligen Leben anders machen würden, war, mehr in Dinge zu investieren, die das Leben überdauern.
- Das Zweite: Sie würden mehr riskieren.
- Und das Dritte, das sie auch gesagt haben: Sie würden mehr reflektieren. Dass sie öfter im Leben stehen bleiben und darüber nachdenken würden, ob das, was sie gerade tun, wirklich das Beste ist, was sie im Moment für ihr Leben tun können.

Ist das, was ich gerade tue, wirklich das Beste, was ich gerade tun kann?

Das ist genau eine solche Prüfungsfrage: Ist das, was du gerade tust, wirklich das Beste, was du im Moment tun kannst? Dafür als „Beurteilungsbrille" deinen Brief aus der Zukunft zu verwenden, ist genau die richtige Vorgehensweise.

A: Es ist meines Erachtens sogar notwendig, sich regelmäßig kleinere Auszeiten zu gönnen und in größeren Abständen Nachdenkpausen einzuplanen. Nur der Abstand zum Alltag und zu den Dingen, in denen wir mit großem Eifer oder in großer Sorge drinstecken, macht es uns möglich, diese einfache und ehrliche Prüfungsfrage zu stellen: Ist das, was ich gerade tue, tatsächlich das Beste, was ich im Moment tun kann? Will ich es weiterhin so? Wo möchte ich auch eine Kurskorrektur in dem einen oder anderen Punkt?
Den meisten von uns ergeht es leider im Normalfall wie unserem Hamster, den wir einmal als Haustier hatten: Jedes Mal, wenn ich am Abend eines langen Arbeitstages nach Hause kam, habe ich das Surren des Laufrades gehört, in dem unser kleiner Freund ständig

gelaufen ist – völlig sinnlos! Und was tat ich: Ich stand am nächsten Morgen wieder auf und bin von Neuem selber wie dieser Hamster gelaufen und habe den nächsten langen Arbeitstag begonnen. Nur wenn wir regelmäßig dieses Laufrad anhalten und darüber nachdenken, wo unser Leben hinläuft, können wir aus Dingen, die schief laufen, ehestmöglich aussteigen. Dabei haben tägliche und wöchentliche Auszeiten einen besonderen Vorrang vor unregelmäßigen mehrtägigen Auszeiten, weil sie mehr Frühwarn-Qualitäten besitzen.

Ich ziehe mich aber auch regelmäßig zu Meditationswochenenden ins Kloster zurück und reflektiere dort mein Leben. Ohne diese Zeiten des Innehaltens hätte ich nicht jene Veränderungen und Entwicklung schaffen können, die ich heute hinter mir habe. Jeder Mensch muss für sich seine Arten von „Stopps" und Auszeiten finden, in denen er sich seine Prüfungsfragen stellt: Will ich wirklich dieses Leben, das ich im Moment lebe? Führt es mich in jene Richtung, in die ich unterwegs sein will?

Ob durch das Schreiben eines Tagebuches oder durch offene Gespräche mit dem Partner, der Freundin oder einer anderen dir vertrauten Person, ob beim Laufen oder Meditieren – ganz egal: Prüfe immer wieder deine Pfeilschüsse auf deren Richtung und Treffer.

N: Dieses Prüfen habe ich bisher eher gescheut. Ich hatte mir aber auch über meine Ziele noch nie so viele Gedanken gemacht wie in den vergangenen Monaten. Erst jetzt kann ich langsam meine Schüsse und Treffer besser beurteilen. Ein Problem ist mit dem Prüfen natürlich immer gegeben: dass ein Ergebnis herauskommt. Ist etwas ein Treffer oder ist es ein Fehlschuss?

Und was dann?

Immer wenn ich bisher bei solchen Fragen ins Grübeln hätte kommen können, an ruhigen Abenden oder Wochenenden zum Beispiel, habe ich eher einen Bogen darum gemacht. Ich habe mich lieber abgelenkt – sei es, dass ich jemanden besucht habe, ins Kino oder in ein Lokal gegangen bin. Die Hauptsache war, dass es eine Geräuschkulisse und irgendwelche anderen Themen gab. Hauptsache, ich musste mich nicht mit dem konfrontieren, was mir wehtat. Hauptsache, ich war abgelenkt. Ich wäre ja sonst gezwungen gewesen, mich zu fragen, ob ich das, was mich quält, weiter so haben will. Und ich hätte gewusst, dass bei manchen Dingen die Antwort Nein gewesen wäre.

Eine andere erfolgreiche Strategie, mich abzulenken, fällt mir jetzt auch noch ein. Die ist fast schon richtig schlau: Ich besuche jemanden, eine Freundin zum Beispiel. Da besprechen wir das Thema sehr wohl. Da kann ich mich ausreden über das, wo es wehtut. Das hat folgenden Effekt: Sie bedauert mich dann. Das tut mir natürlich gut. Das ist wie warmer Regen auf meine Seele und wie Pflaster und Salbe auf meiner Wunde. Und andererseits wäscht sie mir auch den Kopf: „Warum lässt du dir das gefallen? Warum machst du nichts? Wann reicht es dir endlich?" Das tut mir interessanterweise auch irgendwie gut. Und insgesamt geht es mir dann nach Pflaster und Kopfwäsche wieder besser. Das funktioniert so lange, bis es mir eben wieder schlechter geht. Das dauert im Schnitt eine Woche. Dann heißt es wieder: „Einmal Pflaster und einmal Kopfwäsche bitte!" Der Kreislauf beginnt wieder von vorne. Das kann vermutlich Jahre so dahingehen, ohne

dass ich etwas ändern werde, weil es mir nach dem Gespräch ja immer wieder ein bisschen besser geht und die Situation nie wirklich un-erträglich schlecht wird. So bleibt sie erträglich schlecht.
Deinen Überlegungen zufolge wären Gespräche mit Freunden solche Nachdenkpausen. Die Richtung stimmt schon. Es bleibt lediglich die Frage, was ich aus der Beurteilung der Lage selbst für Konsequenzen ziehe.

August, ich möchte dir noch etwas sagen – zum Brief nämlich. Für mich war eine Beobachtung sehr interessant: Zum Ende meines Briefes hatte ich den Eindruck, als hätte ich damit eine Art „Vermächtnis" geschrieben, eine Art „mein letzter Wille", und das im tiefsten Sinne des Wortes: Das will ich letztlich. Diesen Sinn soll mein Leben haben. Alles andere ist nicht so wesentlich wie dies.

A: Dass dein Brief aus der Zukunft – wo du schon sehr alt bist – deinem „letzten Willen" und einem „Vermächtnis" gleichkommt, ist durchaus so. Das zeigt sich auch in anderen Methoden und Anleitungen zum Finden der Lebensziele. Das Schreiben dieses Briefes ist nur eine dieser Möglichkeiten. Eine solche habe ich zum Beispiel in einem kleinen Büchlein von Wilhelm Busch gefunden. Das ist aber nicht jener, der die Geschichte von Max und Moritz geschrieben hat. Dieser Wilhelm Busch ist ein Geistlicher, der im Zweiten Weltkrieg eine kleine, aber wichtige Rolle gespielt hat. Und dieser Wilhelm Busch beschreibt, wie er in einen Zug einsteigt und dort einen jungen Mann trifft. Er trifft diesen Mann im Zugabteil und fragt ihn: „Was möchtest du in deinem Leben einmal machen?" Der

junge Mann antwortet: „Ich möchte zuallererst meine Schule fertig machen." Wilhelm Busch fragt weiter: „Was dann?" „Dann möchte ich einmal einen tollen Beruf ausüben." Wilhelm Busch fragt wieder: „Und was dann?" „Und dann", sagt der junge Mann, „ja dann möchte ich einmal eine liebe und treue Frau finden." Wilhelm Busch fragt neuerlich: „Und was dann?" „Ja dann möchte ich eine Familie gründen." Wilhelm Busch weiter: „Und was dann?" „Ja", sagt der junge Mann, „dann möchte ich beruflich Karriere machen." „Und was dann?" „Dann möchte ich einmal den Lebensabend genießen", gibt er zur Antwort. „Und was dann?" Der junge Mann sagt: „Das weiß ich nicht mehr." Darauf sagt Wilhelm Busch: „Ich weiß, was dann ist: Dann wirst du sterben. Und was dann?"
Die etwas andere Art der Lebenszielfindung ist es, noch weiter nach vor zu gehen als bis 75 Jahre, zum Beispiel nach vor bis zu deinem eigenen Sterbedatum. Die Aufgabe dieser Übung besteht darin, dass du deine eigene Grabesrede verfasst. Du hast die Möglichkeit, an deiner „virtuellen" Begräbnisfeier, von der du nicht weißt, wann sie tatsächlich stattfinden wird, mehrere Redner auftreten zu lassen, beispielsweise jemanden aus deiner Familie, deinen Lebenspartner, eine Freundin oder eine dir sonst sehr wichtige Person in deinem Leben. Du kannst auch einen Arbeitskollegen oder deinen Chef sprechen lassen. Du bist nun deren „Ghostwriter". Also, entscheide selbst: Was sollen diese Redner an deinem Grab über dich und dein Leben sagen? Was war dir wichtig? Welche Eigenschaften stehen für deinen Namen? Wofür hast du besonders viel Zeit und Energie aufgewendet, weil dir diese Dinge ein Anliegen waren? Was ging dir besonders gegen den Strich? An welche besonderen Lebenssituationen sol-

len sich diese Menschen erinnern? Wo warst du besonders mutig? Was hast du in deinem Leben versucht, auch wenn dir dabei nicht immer alles gelungen ist? Im Laufe meiner langjährigen Seminartätigkeit habe ich schon viele solche von den Teilnehmern selbst verfasste Grabesreden gelesen. Sie berühren, weil sie zum Wesentlichen eines Menschen vordringen und aus dem Herzen heraus geschrieben sind. Manchen Seminarteilnehmern ist durch diese Übung die Kürze der eigenen noch verbleibenden Lebenszeit wieder viel bewusster geworden. Nicht wenige von ihnen haben danach einiges in ihrem Leben umgestellt. Ich kann eine solche Art der Lebenszielfindung nur jedem empfehlen. Für eine frühzeitige Grabesrede zur persönlichen Lebensorientierung ist es nie zu spät! Die zu deinem tatsächlichen Ende gehaltene Rede des Seelsorgers und anderer Personen ist die Rede vor allem für die Hinterbliebenen. Die eigene ist für dich und dein Leben.

Der Tod
ist unser bester und billigster Ratgeber.
Vera Birkenbihl

A: Die berühmte deutsche Psychologin Vera Birkenbihl hat einmal gesagt, dass der Tod unser bester und billigster Ratgeber ist. Wir sollten den Tod öfters um Rat fragen! Im Angesicht des Todes stellen sich die Prüfungsfragen noch einmal zugespitzter: Würde ich das, was ich im Moment mache, tun, wenn ich nur noch ein halbes Jahr zu leben hätte? Würde ich es noch tun, wenn ich nur noch einen Monat zu leben hätte? Würde ich es noch tun, wenn ich noch eine Woche zu leben hätte? Und würde ich es noch tun, wenn ich nur mehr einen Tag zu leben hätte? Diese Fragen fordern heraus – jeden von uns. Sie helfen dir jedoch, herauszufinden, was dir wirklich wichtig ist und wie du deine Zeit, die du (noch) hast, dafür sinnvoll nutzen kannst.

N: Das sind natürlich schon sehr gewagte Fragestellungen, wenngleich auch ich nicht weiß, wie lange ich tatsächlich noch zu leben habe. Es stimmt, dass man sein Leben als jüngerer Mensch lebt, als gäbe es kein Morgen. Und so verschiebt man seine Prüfungsfragen, ob das wirklich Sinn macht, was man tut, auf irgendwann. Dabei wird das eigene Leben mit jedem Tag kürzer und kürzer.

A: So ist es. Wir haben die eigene Endlichkeit sehr viel mehr aus unserem Leben verdrängt als früher. Auch die Lebenserwartung als solche ist deutlich gestiegen. Erst wenn uns selbst diese Realität durch eine Todesnachricht, durch eine Krebserkrankung oder durch einen schweren Unfall eines von uns geliebten Menschen einholt, beginnen wir, über das eigene Leben nachzudenken.

Ich möchte auf eine Frage zurückkommen, die du mir vor einiger Zeit gestellt hast und von der ich annehme, dass sie zum größeren Teil durch die Fragen und unsere Gespräche beantwortet worden ist – zum Großteil zumindest. Du hast mich gefragt, ob man sein Leben in so großen Perspektiven wie Lebenszielen planen soll, ob es nicht doch egal ist, wie dieser Weg am Ende ausgesehen haben mag.

Soll man sein Leben in so großen Perspektiven wie Lebenszielen planen?

A: Heute gestaltet sich generell die Lebensplanung sehr viel anders als früher. Bis vor wenigen Jahrzehnten war die Frage nach der Suche des eigenen Weges durchaus provokant und für viele Menschen noch kein Thema. Lebensentwürfe waren oftmals vorgegeben, sofern nicht andere Umstände dem Leben einen anderen Verlauf gegeben haben. Viele unserer Eltern und Großeltern konnten sich nicht aussuchen, was sie beruflich, partnerschaftlich oder privat machen wollten. Überzeichnet könnte man sagen: Für viele war schon am Anfang das End-Ergebnis klar und beschlossene Sache – was am Ende der Junge oder das Mädchen werden wird (muss).
Im Gegensatz dazu leben Menschen in unserem Raum – das ist noch lange nicht überall so – sehr viel mehr in Wahlfreiheit; weitestgehend entbunden von Vorgaben, was die Lebensplanung betrifft. Natürlich schränken finanzielle Möglichkeiten sowie berufliche und wirtschaftliche Rahmenbedingungen diesen Rahmen an Freiheiten unterschiedlich stark ein. Dennoch: Wir leben jetzt viel mehr im Wählen-Können aus unzählig vielen Möglichkeiten. Damit hat sich im Vergleich zu früher die Verhaltensperspektive für die Menschen wesentlich verändert: Damals konntest du kaum wählen. Dein Weg war wesentlich vorgegeben. Heute ist es fast umgekehrt. Du musst wählen! Du musst selber wissen, wie du dein Leben gestalten willst.
Heute kommt noch etwas Weiteres hinzu: Das eher monolithartige Leben von damals – ein Dorf, ein Ehepartner, ein Beruf, ein Freundeskreis – teilt und verteilt

sich heute in einen patchworkartigen Lebensteppich, wie das manche bildhaft formulieren. Das Leben gestaltet und webt man sich nicht mehr aus einem Stück. Es besteht aus vielen einzelnen Teilen und Abschnitten: Man lebt aus beruflichen oder privaten Gründen an verschiedenen Orten unterschiedlich lange. Damit verbunden ist auch ein Wechsel im Bekannten- und Freundeskreis. Die meisten durchlaufen bis zu ihrer Pensionierung mehrere Berufe. Die Bindung an nur einen Partner für das ganze Leben ist längst die Ausnahme.
Solche Rahmenbedingungen und Lebensweisen ergeben schon aus sich heraus, dass man heute mehr denn je seine Ziele immer wieder neu überlegen und angleichen muss. Ich glaube nicht, dass es darum geht, sein Leben nur einem einzigen Gesamtlebensziel zu widmen. Das wird die besondere Ausnahme für wenige, besonders berufene Menschen sein. Ich glaube, dass es jedoch Sinn macht, darauf zu achten, dass das eigene Leben letztlich nicht in lose Teile zerfällt und man sich am Ende zerstückelt vorkommt. Ich glaube, dass es gut ist und zufriedener macht, wenn man seine verschiedenen Aktivitäten innerhalb von Grundrichtungen zu steuern versucht. Es ist gut für dich, wenn du für dein Leben Fixsterne hast, die du immer wieder anpeilen und als Kurshilfe nützen kannst. Wer zu sehr im Zickzackkurs unterwegs ist, macht sehr viele Umwege und vergeudet unnötig viel Energie – vielleicht bewegt er sich sogar immer nur im Kreis.

Ein Spruch lautet: „Gib deinem Leben nicht mehr Stunden, sondern gib deinen Stunden mehr Leben!" Ich halte diesen Satz für eine gute Lebenseinstellung:

- Zeit kann man in Wahrheit nicht sparen und für später aufheben. Für ein später zufriedeneres Leben gibt es keine Garantie.
- Leben kannst du nur jetzt – mit jedem nächsten Schritt und Griff. Mache „eins" aus Weg und Ziel!
- Du weißt nicht, wie lange dein Leben tatsächlich dauert. Prüfe, ob das, was du im Moment tust, das Beste ist, was du tun kannst.
- Achte darauf, dass deine wirklichen Lebensziele nicht in zu vielen Zickzackkursen auf der Strecke bleiben.

Gib deinem Leben nicht mehr Stunden,
sondern gib deinen Stunden mehr Leben!

N: Was ich noch wissen wollte: Ich bin in meiner Ziel- und Lebenszielplanung immer von mir und meinem Leben ausgegangen. Gibt es auch Orientierungspunkte von außen, die für mich zum Finden oder Ergänzen meiner persönlichen Pläne hilfreich sein können?

A: Ja. Die Nöte, Bedürfnisse und Sehnsüchte der anderen Menschen sind ein weites Feld für dich selbst. In ihnen kannst du nach neuen Wegen Ausschau halten und dir überlegen, ob und wo du hier tätig sein möchtest.
Eine besondere Orientierungshilfe ist für mich persönlich folgender Punkt: Was sind die größten Nöte, die größten Schwierigkeiten und die größten Gefahren meiner Mitmenschen? Wenn du hilfst, diese Nöte, Schwierigkeiten und Gefahren zu mildern oder zu beseitigen, bietest du einerseits größten Nutzen für

andere, und andererseits wird dich diese Aufgabe vom Herzen her sehr befriedigen. Darüber hinaus ergibt sich damit für dich eine tolle Chance auf Erfolg.

> Sei Teil der Lösung,
> nicht Teil des Problems!
>
> *Steven Covey*

N: Sein Leben – besser, seine verschiedenen Leben und Abschnitte – so zu weben, dass durchgehende Fäden und Muster sie zu meinem unverkennbaren Leben verknüpfen, finde ich einen sehr schönen Gedanken.
August, ich bin froh, dass mich vor vielen Monaten meine Unzufriedenheit zu dir getrieben hat. Langsam beginne ich, mein Leben zu ordnen und dort und da neu zu gestalten. Deine Überlegungen und Zielfragen haben mir dabei sehr geholfen. Ich fühle mich im Moment mittendrin und auf Kurs. Weit bin ich noch nicht gesegelt. Vielleicht könnte ich in dem einen oder anderen schon viel weiter sein. Doch viel entscheidender ist für mich, dass ich meinen inneren Kompass wieder gefunden habe. Ich weiß jetzt, wohin ich will und was ich nicht mehr will. Und ein Rückschlag versetzt mich jetzt nicht gleich in größere Unruhe.
In einem anderen Buch von dir habe ich den Spruch gelesen: „Leben ist wie Zeichnen ohne Radiergummi." Ich werde für mich versuchen, zukünftig bewusster zu zeichnen, wobei ich die kommenden Fehlstriche schon jetzt als Teil meines Gesamtkunstwerkes betrachte. Die gehören genauso dazu! Ich möchte, dass daraus ein Bild entsteht, das ich mir mit 75 Jahren gerne an die Wand meines Wohnzimmers hängen werde. Hin und

wieder werde ich es herunternehmen und genauer betrachten. Dann möchte ich den verschiedenen Linien und Kurven, den Flecken, Klecksern und Kratzern, den weiten Flächen und großen Schwüngen nachfahren und mit einem zufriedenen Lächeln im Gesicht nicken und sagen können: „Ja, so war's. Unverkennbar ich. Mein Leben. Schön, dass es so geworden ist. Das war es wert!"

Der Weg entsteht nur durch Gehen

Wir stehen am Ende der fünf Gespräche mit Nora. Manche Leserin und mancher Leser hätte wohl gerne mehr von Nora erfahren: Was waren ihre konkreten beruflichen und privaten Probleme? Welche Ziele hat sie für sich gefunden? Wie geht es ihr jetzt? Ich kann dieses Interesse verstehen. Ich habe jedoch bewusst die konkreten Inhalte von Nora vermieden – einerseits aus Gründen der Verschwiegenheit, andererseits deshalb, um Sie nicht von Ihrer eigenen Situation wegzuführen. Denn die Frage ist: Welchen Herausforderungen müssen Sie sich stellen? Was müssen Sie angehen? Es geht nicht um Nora oder um eine andere Person. Es geht um Sie!

Vielleicht sind Sie während der Lektüre meiner Empfehlung gefolgt und haben die Zielfragen in Ihrem persönlichen Arbeitsheft beantwortet. Ansonsten bitte ich Sie, dies ehestmöglich zu tun. Die Zielfragen entfalten ihre Wirkung, wenn Sie sich ihnen wirklich stellen.

Wenn Sie die Zielfragen beantwortet haben, gilt es nun, Richtung Ziel aufzubrechen. Es zählen der nächste Griff und der nächste Schritt. Machen Sie „eins" aus Weg und Ziel! Denken Sie bei Ihren Schritten daran, ob sie die besten sind, die Sie im Moment für Ihre Ziele unternehmen können. Es geht nicht um Geschwindigkeit. Gehen Sie konsequent in Ihrem Tempo in Ihre Richtung. Wann Sie mit dem ersten Schritt beginnen? Ich schlage vor: jetzt! Spätestens morgen. Wenn Sie für Ihr neues Leben noch kaum Platz vorfinden, ist der erste Schritt bereits vorgegeben: „Entrümpeln" Sie Ihr bisheriges Leben, bevor Sie sich mit den Zielen intensiver beschäftigen!

Unterwegs ist es wichtig, regelmäßig Ihre Position zu bestimmen. Dies sollten Sie in zeitlich größeren Abständen tun. Dabei leisten Ihnen die schriftlichen Notizen in Ihrem Arbeitsheft wertvolle Dienste.
Auch Ziele und damit verbundene Richtungswechsel sollten Sie regelmäßig überprüfen und bei Bedarf anpassen. Manche Menschen sind mehr in Etappenzielen unterwegs. Dann ist nach erreichten Zielen die nächste Wegstrecke zu planen. Auch Lebensziele können sich nach Jahren verändern. Ihre Lebensumstände können sich verändert haben. Auch neue Lebenserfahrungen können dazu führen, dass Sie Ihre Lebensziele neu bestimmen.
Mit mehr Übung werden Sie Ihre Etappen- und Lebensziele treffsicherer formulieren. Sollten Sie merken, dass Sie an ihnen kaum noch Korrekturen vornehmen müssen, wissen Sie, dass Sie bestens unterwegs sind.

Eine letzte Bemerkung: Bei Menschen, die sich erst nach vielen Jahren ihres Lebens mit den Zielfragen beschäftigen, macht sich manchmal ein großer Schmerz breit. Es ist die Trauer darüber, es viele Jahre lang versäumt zu haben, das eigene Leben zu leben, dass sie es nicht geschafft haben, aus ihrem alten Leben auszubrechen, dass der Mut gefehlt hat, etwas zu riskieren.
„Über vergossene Milch zu jammern bringt nichts", sagt eine alte Redensart. Wichtig ist, dass Sie jetzt so weit sind und Ihre Wünsche mit Entschiedenheit angehen.

Für Ihre Ziele und Lebensziele wünsche ich Ihnen viel Erfolg!

Die 10 Zielfragen

Ihr persönliches Arbeitsheft mit den 10 Zielfragen zum Herausnehmen

Es empfiehlt sich, an den jeweiligen inhaltlichen Stellen im Buch Ihre Gedanken zu den Zielfragen im Arbeitsheft zu notieren. Oder Sie bearbeiten zuerst jene Zielfragen, die Sie im Moment besonders ansprechen.

Weitere Bücher

von August Höglinger

Zeit haben heißt NEIN sagen

NEIN sagen ist eine Schlüsselqualifikation für den Umgang mit der Zeit. Die vorgeschlagenen Methoden, Tipps und Anregungen sind zu 100 % in die Praxis umsetzbar, einfach anwendbar und äußerst wirkungsvoll. Das Arbeitsbuch besteht aus 52 Arbeitsblättern (für die Wochen des Jahres). Es begleitet Sie im Idealfall ein Jahr lang als Ihr persönlicher Berater oder Coach und verhilft Ihnen bei konsequenter Anwendung zu mehr Zeit und Lebensqualität.

ISBN: 3-9501137-0-3

Inthronisation

In diesem Buch werden die wesentlichen Rituale der Übergabe von Führungsmacht beschrieben. Werden bei der Verabschiedung des „alten Regenten" und bei der Einsetzung des „Thronfolgers" auch nur kleinste Fehler gemacht, so kann das weit reichende negative Folgen für das Unternehmen, die Mitarbeiter und die Führungskraft selbst haben. Dieses Buch leistet einen wichtigen Beitrag zur erfolgreichen Neubesetzung von Führungspositionen. Ein Ratgeber für alle, die für die Wahl des richtigen Kanditaten verantwortlich zeichnen. Chefs, Personalberater, Trainer und Regenten in spe sind eingeladen, die Spielregeln der Inthronisation kennen zu lernen.

ISBN: 3-9501137-4-6

Die Sprache des Körpers

In diesem Nachschlagewerk der Körpersprache erhalten Sie Antworten auf folgende Fragen:

- Was sagen mir Haltung und Stand eines Menschen?
- Was kann ich aus dem Sitzen und Gehen ablesen?
- Welche körpersprachliche Hinweise bekomme ich bei der Begrüßung?
- Wie deute ich Gestik und Mimik richtig?
- Welche Rolle spielen die Sinnesorgane in der Körpersprache?
- Welche animalischen Gesetze wirken hinter der Sprache des Körpers?

Wenn Sie körpersprachliche Ausdrücke besser verstehen oder ihre eigenen klarer kommunizieren wollen, dann schlagen Sie in diesem Wörterbuch nach.

ISBN: 3-9501137-5-4

Grenzen setzen bei Erwachsenen

In diesem Buch geht es um die Grenzen und Reviere bei Erwachsenen im privaten und beruflichen Umgang miteinander. Es soll jenen helfen, die sich schwer tun, Grenzen zu setzen und NEIN zu sagen. Zahlreiche Vorschläge und Übungen zur Lösung von Grenz- und Revierproblemen werden angeboten. In 29 lebensnahen Geschichten kann sich jeder mühelos mit den behandelten Problemstellungen identifizieren.

ISBN: 3-9501137-1-1

Weitere Bücher

von August Höglinger

Loslassen ohne zu vergessen

Wie ich loslassen lernen kann: Dieses Buch ist ein praktischer Ratgeber zum Loslassen. Sie lernen die zehn Schritte des Loslassens, die im Todesfall oder bei einer Trennung zu gehen sind. Wertvolle Hinweise zum Trauern und zum Umgang mit Trauernden ergänzen die zehn Schritte des Loslassens. Sie werden wieder frei – ohne das Vergangene vergessen oder verdrängen zu müssen.

ISBN: 3-9501137-3-8

Lust auf Meditation

Sie sollten dieses Buch lesen, wenn Sie nach Klarheit in wichtigen Fragen und Entscheidungen suchen, wenn Sie innerlich ruhiger und ausgeglichener werden wollen, wenn Sie das Meditieren praktisch erlernen oder einfach nur Grundlegendes über Meditation erfahren möchten. Meditationslehrer, Coach und Autor August Höglinger gibt Antworten auf Fragen, die sich jeder einmal stellt.

ISBN: 3-9501137-2-X

CDs

von August Höglinger

Zeit haben heißt NEIN sagen
Vortrag - Studioaufnahme
ISBN: 3-902410-00-0

**Die Firma –
unsere 2. Familie**
Vortrag - Studioaufnahme
ISBN: 3-902410-04-3

**Veränderung,
das einzig Stabile**
Vortrag - Studioaufnahme
ISBN: 3-902410-03-5

Lebensziele
Vortrag - Studioaufnahme
ISBN: 3-902410-09-4

**Grenzen setzen bei
Erwachsenen**
Vortrag - Studioaufnahme
ISBN: 3-902410-01-9

CDs

von August Höglinger

Leben in gelungenen Beziehungen
Vortrag – Studioaufnahme
ISBN: 3-902410-06-X

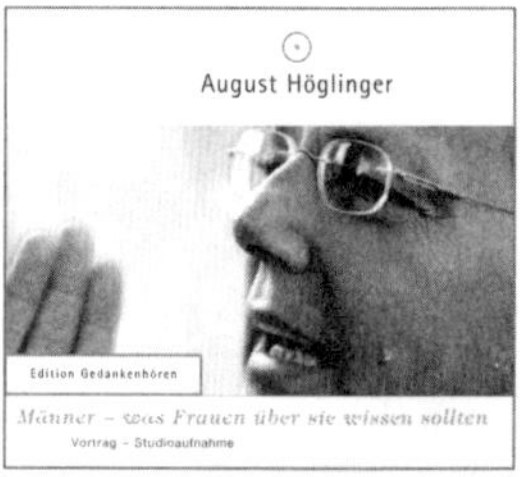

Männer – was Frauen über sie wissen sollten
Vortrag – Studioaufnahme
ISBN: 3-902410-07-8

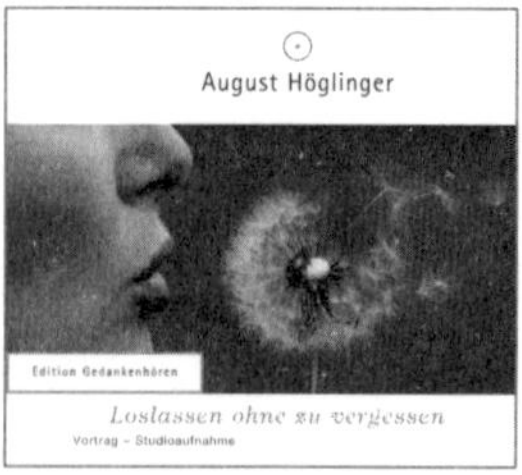

Loslassen ohne zu vergessen
Vortrag – Studioaufnahme
ISBN: 3-902410-08-6

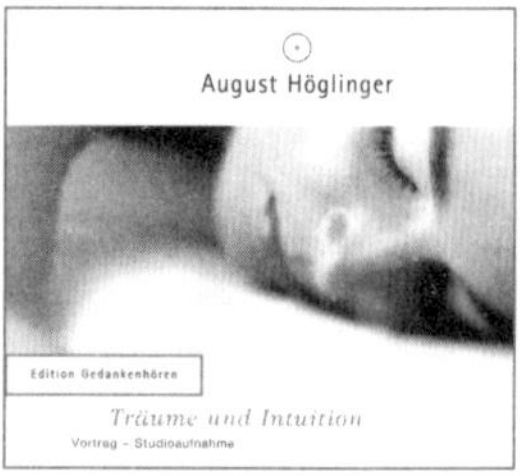

Träume und Intuition
Vortrag – Studioaufnahme
ISBN: 3-902410-05-1

Der Weg nach Innen – Meditation
Vortrag – Studioaufnahme
ISBN: 3-902410-02-7

August Höglinger

Der Begleiter und Autor

Der Autor begleitet seit Jahrzehnten Menschen auf ihrem persönlichen und beruflichen Weg.
Diese Lebenserfahrungen teilt er in seinen Büchern und Vorträgen seit vielen Jahren mit seinen Lesern und Zuhörern. Sein Blick auf das Wesentliche macht seine Publikationen so wertvoll.

GEFÜHRTE MEDITATION

Meditation für Körper und Seele
Liveaufnahme
ISBN: 3-902410-10-8

www.hoeglinger.net
das Programm

- Seminare
- Lehrgänge
- Coaching
- Vorträge

Die zweite *Zielfrage* 2

Was sind meine allergrößten Wünsche?

Was bedeutet mir am allermeisten?

Was ist mir das Wichtigste in meinem Leben?

Ich denke dabei an alle meine verschiedenen Lebensbereiche.

Bring nun deine Wunschliste in eine Reihenfolge. Ordne sie nach Wichtigkeit: Welcher Wunsch ist dir im Moment am wichtigsten, welcher am zweitwichtigsten und so weiter?

Raum für meine Notizen. ✎

Die dritte *Zielfrage* 3

Was ist mir in meinem Leben gut gelungen?

Liste auf, was immer dir dazu einfällt. Hilfreich ist es, wenn du das, was dir einfällt, zum Beispiel auf der linken Seite des Blattes schreibst.

Raum für meine Notizen. ✎

Welche meiner Begabungen und Fähigkeiten sind ausschlaggebend dafür gewesen, dass ich erfolgreich war?

Notiere nachfolgende Überlegungen nun auf der rechten Blatthälfte neben deinen Erfolgen.

Raum für meine Notizen. ✎

Die vierte Zielfrage 4

Was ist mir bisher in meinem Leben nicht gelungen?

Was ist mir nur teilweise gelungen?

Wo bin ich gescheitert?

Hilfreich ist es wiederum, wenn du das, was dir dazu einfällt, auf der linken Seite des Blattes notierst.

Raum für meine Notizen. ✎

Welche Mängel und Defizite lassen sich daraus ableiten?

Notiere nachfolgende Überlegungen nun wieder auf der rechten Blatthälfte neben dem, was dir nicht oder nur teilweise gelungen ist.

Raum für meine Notizen. ✎

Die fünfte *Zielfrage* 5

Welche Erfahrungen möchte ich in meinem Leben noch machen?

Welche Pläne und Vorhaben will ich unbedingt noch umsetzen?

Was möchte ich auf jeden Fall noch gesehen oder erlebt haben?

Reihe deine Anliegen nach Wichtigkeit, indem du sie zum Beispiel durchnummerierst: „1“ ist dein wichtigstes „noch“ im Leben.

Raum für meine Notizen. ✎

Die sechste *Zielfrage* 6

Was würde sich in meinem Leben verändern, wenn ich doppelt so viel verdienen würde wie jetzt?

Raum für meine Notizen. ✎

Die siebente *Zielfrage* 7

Was würde sich in meinem Leben verändern, wenn ich eine Million Euro gewinnen oder erben würde? ***Was*** würde ich mit dem Gewinn oder Erbe tun?

Raum für meine Notizen. ✎

Die achte *Zielfrage* 8

Welche Personen aus meinem privaten, beruflichen oder öffentlichen Leben sind für mich bewundernswert?

Liste mindestens fünf Personen auf. Notiere zu den jeweiligen Personen, welche Eigenschaften du an ihnen besonders schätzt.

Raum für meine Notizen. ✎

Die neunte *Zielfrage* 9

Was sind die wichtigsten Eigenschaften meiner Eltern, meiner Großeltern, meiner Geschwister sowie meiner beziehungsweise deren Kinder?

Raum für meine Notizen. ✎

Welche typischen Charaktereigenschaften, Erfolge, Misserfolge oder besondere Krankheiten fallen mir zu den verschiedenen Personen ein?

Raum für meine Notizen. ✎

Die zehnte *Zielfrage* 10

Die „Lebenszielfrage"

Denke vor zu jenem Zeitpunkt, an dem du 75 Jahre alt sein wirst. Vielleicht genügen auch 60 Jahre, auf jeden Fall sollte es wesentlich älter sein, als du jetzt bist. Stell dir vor, du bist 75 Jahre alt und blickst auf dein Leben zurück.

Schreib dir selbst aus dem Jahr, in dem du 75 Jahre alt bist, einen Brief, und gib dir Antworten auf folgende Fragen:

Worüber freue ich mich jetzt mit 75 Jahren?
Wofür möchte ich mit 75 Jahren anerkannt sein?
Und zwar ***für welche*** Leistungen und ***von wem***?
Was möchte ich gerne überkompensiert haben – also, aus welcher Schwäche hätte ich gerne eine Stärke entwickelt?

Nimm erstens dabei Bezug auf deine beruflichen, deine persönlichen und auf deine partnerschaftlichen Ziele.
Zweitens: Stimme deine Ziele mit jenen Personen ab, die dir wichtig sind.
Drittens: Lies deinen Brief in regelmäßigen Abständen durch, beispielsweise zu deinem Geburtstag oder zum Jahreswechsel.